读客文化

华与华
百万大奖赛案例集

华杉 华楠 编

文汇出版社

序言：创意改变命运

百万超级创意大奖是华与华公司的内部创意奖项，起因于2014年公司的一次管理会议。当时我们请了中国台湾的开放智慧顾问公司，为我们做一个为期三天的共识营活动，命名为"裂变"。在分组讨论的时候，我听见陈俊（当时还不是合伙人）说："公司如果觉得创意最重要，那你就拿100万出来奖励创意。"我觉得这个想法不错，马上找华楠和肖征商量，当场就决定并宣布，在2014年底举办第一届华与华百万超级创意大奖赛，每年选出一个最佳案例，奖励项目组人民币100万元。西贝莜面村案例就拿了第一个100万。

后来，又想到只有一个奖，后面有些自己觉得没希望的，参赛就不够投入，于是在2015年改为奖励前三名，第一名100万，第二名10万，第三名1万。360项目组拿了2015年的百万大奖。

2016年，我们又决定追加设立第二个大奖赛，就是每五年评选一个100万美元的大奖，奖励能为客户长期服务5年以上，并有杰出的持续贡献的案例。第一届定在2022年7月8日，公司成立20周年的时候。在此之前，华与华还从来没有办过周年庆。于是，我们从20周年开始，就每5年办一次，庆典的内容就是百万美元大奖。第一名100万美元，第二名10万，第三名1万。

2018年的百万大奖赛上，我感觉竞争太激烈，而且成败只在毫厘之间，而一、二、三名之间，奖金差距太大。一年一次的也就罢了，五年一次的百万美元大奖就有点太残忍，所以把五年一次的百万美元大奖赛奖金改为：总奖金池750万元人民币，第一名500万，第二名150万，第三名50万。百万美元大奖就改成500万大奖了。

设立这两个奖项，基于华与华的两个经营理念：

1. 创意改变命运。
2. 悦近来远，终身服务。

这两条，是公司要的结果。

创意改变命运，首先是说，要为客户做出能改变命运的创意，起决定性作用的创意。过去的获奖案例：西贝莜面村的"I♥莜"、360的转型互联网安全战略、"六颗星牌长效肥，轰它一炮管半年"、汉庭酒店的"爱干净，住汉庭"、莆田餐厅进入中国市场的水波纹品牌设计和全球品牌管理，可以说都称得上改变命运的创意。还有一些早期的案例，比如"晒足180天"的厨邦酱油，以及它的绿格子超级符号设计；"我爱北京天安门正南50公里"的固安工业园区；"一个北京城，四个孔雀城"也都称得上改变命运的创意，但那时候我们还没设立这个奖项，就错过了。可以等到2022年来参加我们的500万大奖。

创意改变命运的第二个含义就是，只要你能做出大创意，就能在华与华改变你的命运。当然，不是指靠拿大奖来改变命运，而是靠我们的合伙人制和激励机制。大奖赛只是一个象征，军无财，士不来；军无赏，士不往。总之，公司悬赏以求创意。如果说某一年没有创意达到我们心目中的标准，我们也以千金市骨、伯乐一顾的精神，把奖金发出去。

第二个理念，悦近来远，终身服务。悦近来远，是说把近处的服务好了，他们喜悦了，远方的自己就来了。不要吃着碗里的，盯着锅里的。咱们吃碗里的，就全心全意盯着碗里的，把已经付钱给你的客户服务好，把每一个客户变成终身客户。新客户让他自己来。这样，我们就要奖励那些能终身服务、能持续创造价值、能让客户离不开的项目组。这就是500万大奖的目的。

这本案例集，就是前五届百万大奖赛的案例合集。华与华还有一个理念，就是不藏私，无一事不可对人言。除了客户的秘密不能说，我们自己没有什么秘密，欢迎学习。所以，这本案例集也非常翔实，可以供企业市场部门、咨询公司、广告公司、设计公司和高校相关专业教师同学们参考交流。如果能对读者有一点启发，就是我们的心愿了。这也是华与华的经营使命：让企业少走弯路。

华杉
2019年2月14日
于上海环球港华与华办公室

Contents
目　录

360 案例

六颗星牌长效肥

汉庭酒店

固安

厨邦

三品王

书单狗

莆田餐厅

足力健老人鞋

云集

先锋电器

肯帝亚

得到

西贝莜面村

颜 艳／陈 俊／黄慧婷

如果爱没有增加，一切都不会改变

西贝如何用超级符号创造"原本无论如何都不会发生"的未来？

西贝莜面村，从内蒙古一个不足20平方米的街边小吃店起步，董事长贾国龙先生带着家乡的特色美食莜面和羊肉杀入北京。经过30年的发展，西贝成为中式正餐第一品牌。截至2018年，门店数量突破300家。

这是中国餐饮史上中式正餐（除火锅之外）连锁经营第一次突破300家。

如果你曾经去西贝用餐，走到店门口就会听到这样的迎接话语："I♥莜，西贝请您用餐了。"同样不会陌生的还有"I♥莜"这个品牌符号。

"I love you"是表达爱意的词汇，全世界都听得懂。它是西贝的品牌符号，在西贝变成一句客人进店问候的、可以脱口而出传达心意的话语。自I♥莜的诞生开始，西贝的品牌进入了飞速发展的时期。

创造一个超级词语，向70亿人传播，让所有人都能听懂

西贝莜面村在2013年找到华与华的时候，已经陆陆续续请过几家咨询公司。从"西北菜"到"烹羊专家"，西贝不断调整着自己的战略。最终，又回到西贝莜面村的"品牌初心"。

> 莜面（yóu miàn）是莜麦磨成的面粉，在山西、内蒙古以及河北坝上地区也是莜麦面食品的统称。

莜面就是燕麦面，是联合国推荐的十大健康食品之一，膳食纤维含量是米饭的10倍。燕麦的市场教育已经很成熟，人人都知道燕麦是健康的高纤食品。然而，对于全国消费者来说，对莜面的认知度则太低，好多人都不认识这个"莜"字，还念成"xiǎo"。如何获得消费者的认同和喜爱？这是西贝面临的巨大的经营难题。我们是否能创造一个超级词语，向70亿人传播，让所有人都能听懂？

拿到这样的课题，对于项目组人员来说，既兴奋也带有几分敬畏。兴奋是在于我们手上也许又有机会发扬一个伟大的品牌，在于一种期待：我们如何用超级符号，帮助西贝再一次引爆品牌，创造不可思议的销售力呢？敬畏在于：西贝这个企业发展这么多年，有着太多太多的品牌资产，如何取舍？坚定什么路子？"笔下有人命关天，笔下有财产万千"，这句话一点不假。路子错了，都是真金白银地砸下去啊。

I♥莜的源起，在现场发现企业文化基因

要了解一个品牌，一切答案都在现场。项目组进入到销售一线，一家店一家店地走访，一个店长一个店长地访谈，去看顾客用餐的环境、点菜的过程、对菜品的评价、服务体验……在这个过程中，我们深深地被这些西贝人感染着。他们每个人都对

这个品牌饱含着一份激情和"爱"，西贝的厨师对每一道菜品都有着想要精雕细琢、不断提升的工匠精神；年轻的莜面妹每天要搓出几百笼莜面，每个莜面窝窝形态几乎一致，没有一个破损，都是趋于完美的状态……带着热情和爱，西贝人如此与众不同。记忆尤其深刻的，是在北京三元桥店进行走访时，一位年轻的店长在访谈中很含蓄和诚恳地说出一句话："如果爱没有增加，一切都不会改变。"当时，我们把这句话记录在本子上，并且很戏谑地说了一句，怎么像甘地说的。这，就埋下了创意的种子。

找到自己、成为自己、坚持自己

华杉经常说一句话，我们要成为客户的良师益友，帮助客户找到自己、成为自己、坚持自己。深入西贝20多年的成长史去挖掘，我们看到西贝走过的两个阶段。

在1.0时代，西贝给自己的定位是"西北民间菜"，餐厅属于酒楼性质，以宴请、聚餐为主。三十六眼窗、窑洞洞门、碾子、辘轳、玉米墙、红枣树、丰收的粮垛……仿佛来到了西北乡村院落：亲切、质朴。西贝的街边店风格基本保持一致，就是西北土窑风格。

到了西贝的2.0时代，餐厅逐步转向更小的面积、明亮的布局、西式的装修风格、轻松的桌椅布局、时尚的服务形象，以及主打小吃小喝的菜系。西贝从过去西北土窑的风格中完全跳脱出来，向休闲时尚靠近……

我们注意到西贝与众不同的闪光点：西北菜地域特色明显，服务热情、周到，充满爱的能量，很容易脱颖而出，吸引消费者的注意。

从外部的市场环境来看，2013年，中国餐饮渠道正在发生变革，倒逼餐饮品牌从街边店开到MALL店，原本上千尺的酒楼、大店业态到了商场里转变成300~500平方米为主流的商圈店。餐饮的变革趋势也推动了西贝的变革，西贝的品牌风格是走西北风，还是更加现代时尚感的休闲风？

针对两个路线的选择，我们还是回到创意的出发点，从品牌资产观来做判断。

一是对过去的东西，以它是不是资产为标准进行取舍。

二是对未来的营销传播活动，以它能不能形成资产为标准进行取舍。

也就是说，我们取舍一个形象，以它有没有形成品牌资产为标准。有的包装或标志用了很多年，却并没有形成资产，不是品牌的识别记忆点和价值点。消费者并不是冲着这个来买我们的东西，那么它就可以被舍弃。

同样，我们投资一个新的设计形象，或开展一次营销传播活动，也是以能不能形成品牌资产为标准。能形成，就上；不能形成，就不要浪费时间和金钱。

基于对市场环境的判断，我们提出了西贝3.0时代的转型。西贝3.0时代即以莜面为核心产品的小而美的休闲餐厅——首先是以休闲餐厅为店面的指导理念，其次是以莜面为店内的拳头产品。向休闲餐厅业态转型，符合消费结构的变化，符合渠道变革的趋势，也符合西贝莜面村与生俱来的核心价值。它能为西贝未来的发展持续地积累品牌资产。

创意是一个先做加法，再做减法的过程。一个大创意的诞生，往往是在不断推翻自己的过程中得以精进和升华的。只有一路披荆斩棘，才能达到相对完美的状态。提对问题，往往是成功解决问题的关键。我们把创意聚焦在"如何解决莜面产品认知度较低的问题"，以及"如何在渠道变革的潮流中打造一个符合西贝'小而美'的品牌形象"。

我们提出，要在品牌形象和空间设计上"去西北化""去乡土化""去风情化"。因为有风情的东西就小众：有的人喜欢，有的人不喜欢。要简单、明亮、大众化、时尚，全世界任何人都熟悉、习惯、接受，这样才能规模化、全球化。品牌设计、空间设计都要讲全球语言。

爱的基因是西贝发展历程中积淀下的重要品牌资产。在一次重要的创意讨论会中，大家聊起曾经记下的那句"如果爱没有增加，一切都不会改变"，灵感闪现！爱……西贝……莜……谐音不正是世界通用的话语"I LOVE YOU"吗？！

再造品牌文化，重新编辑品牌基因

超级符号的本质是嫁接文化原型。人们往往只记得他们已经记得的东西，人们也往往只认识他们已经认识的东西。占领一个文化原型，你就相当于占领了这个文化所代表的所有财富！

有了I♥莜的创意，我们为西贝品牌找到一个新的文化母体：I♥NY。I♥NY是纽约的城市符号，也是全球流行的超级符号。西贝一下子从西北乡村的文化母体，转换为世界之都纽约的文化母体，一举跃升为国际化的时尚餐饮品牌。

I♥莜这个超级符号可以即刻降低传播成本，一下子进入所有人的心里，解决了巨大的传播障碍。也有人说，借用"I LOVE YOU"这句每天被全世界重复几千万遍的超级话语，让人脱口而出，让话语不胫而走。当然，更直接的说法是，借用"I♥NY"这个心形标志打造了"I♥莜"这个拥有强大冲击力的超级符号，我们创造了全球共享、无与伦比的品牌时尚体验。

其实真正重要的是，I♥莜这个超级符号就是为西贝而生的，独一无二，是从西贝的内在生长出来的。这既是巧合，也是无可替代的禀赋。它诞生之后，也就成为了内外部乐于传播的符号。

全面媒体化：启动自媒体工程、商圈明星工程

品牌形象升级的第一步，并不是铺天盖地地打广告，也不是急着找一堆KOL和网红做宣传。我们主张启动"自媒体"工程、商圈明星工程，打造最强品牌道场。基本功做足，才能对外亮相。

华与华方法的"自媒体"，不是微博、微信，而是自己身上的媒体。产品是最大的自媒体，包装是最大的自媒本，物流也是你的自媒体。每一个能让你的品牌得到曝光，能与消费者，甚至是员工产生连接的媒介都是你的媒体。

对于餐饮品牌来说，店面就是你最大的自媒体，店面就是企业的CCTV。西贝

每年要接待3000多万人次顾客，那么，怎么做好这3000万人次受众的自媒体呢？

店外集中抓导视，店内做好自媒体，用超级符号和超级话语，将店外店内两大系统全面媒体化，为消费者创造独一无二的品牌体验！

导视是什么？引导视觉，告诉你这个餐厅在哪里，按它说的就能找到地方。店外导视有两条标准：商圈导视无盲区，不用问路到门口。

为什么要有导视？三个字：转化率。

假如说，你在户外做的广告受众是10 000人，记住你广告的传达率达10%（1000人），1000人在吃饭时想起你，走进你餐厅的转化率也是10%（100人），那你最终的转化率是多少？1%。那在商场做导视呢？1000个人全是来吃饭的。吃哪家呢？不知道，头疼。看到你巨幅的广告，就在6楼，那就去6楼呗。最后300人来你这吃饭，转化率是多少？30%！这就是全面媒体化和打造品牌道场的重要性。

商圈广告位形态多样，有规整的巨型广告位，也有被切成一块一块的组合广告位。设计一定要从现场出发来考虑画面的呈现，考虑导识应该怎么放最显眼。我们使用品牌LOGO和超级符号组合的形式作为品牌广告，红白搭配，十分抢眼。

▷ 华与华为西贝创作的超级符号

有时也会遇到特殊的位置，比如六个格子的组合。商场物业原本坚持不能使用完整的LOGO，因为他们并不了解什么是超级符号。西贝在这种问题上从来不会为了"物业好通过"而妥协，而是永远以品牌优先的角度考虑，坚持最好的设计表现。争取拿下之后，我们一看，果然很明显，时尚、强势的视觉冲击力让人看一眼都难忘。这就叫营造自己的品牌道场。生意做好了，人气高了，也成为招商部门最爱的餐饮品牌。

店内自媒体系统，包括一个盘子、一张餐巾纸、一个台卡、一个宝宝围兜等都可以视为我们的媒体。

家有宝贝，就吃西贝。家长们常常带孩子来西贝吃饭。在饭桌上，拍下宝宝吃饭的可爱模样是必不可少的动作。于是，我们设计了I♥莜的宝宝围兜，出镜率极高，成为了传播品牌的超级道具。

● **全面媒体化**

I♥莜不仅表现在视觉上，更表现在服务的体验上。如何让顾客全方位地感受到西贝是一个有"爱"的餐厅呢？我们编了一首体验歌，能让服务人员最快记住这些要点，涵盖了从里到外的品牌体验：

《西贝体验歌》
西贝好吃欢乐多，听我西贝体验歌。
顾客体验是第一，七大体验四注意。
第一导识无盲区，里外都有要清晰；
建筑外墙有招牌，路上行人看过来；
进到商圈看一眼，就咱西贝最显眼；
顺着指示一路走，不用问人到门口。
第二迎宾很周到，I♥莜问声好；
问清几位再发号，瓜子一杯好周到；
还可加入微信号，一边逛街边等号；
微信留号粉丝牢，日后推广最有效。
…… ……

▷ 西贝全面媒体化与顾客体验

　　我们把一整套服务体验变成朗朗上口的口诀。"七大体验四注意"，就是我们说的"凡事彻底"。把今天一件一件平凡的小事做彻底，才有明天的成功。

　　未来，全球每一座城市、每一条街都会开有西贝，将"西贝标准"做成中国餐饮行业都认可的标准。创造顾客的最佳体验，就能成为顾客最爱的餐厅。

▷ 在商圈，西贝向物业争取到超级符号的最优呈现形式

▷ 菜单封面使用西贝LOGO和超级符号的组合设计，时尚又抢眼

▷ 时任联合国秘书长的潘基文和西贝莜面妹

▷ 西贝莜面代表"中国点心"亮相联合国，I♥莜第一次亮相在国际舞台

西贝莜面村走进联合国，完成I♥莜的第一次全面亮相

有影响力的品牌大事件通常不是造出来的，而是由于本身具有大事件的势能。西贝莜面村走进联合国就抓住了一个传播机会，放大了这个传播点。

2013年，西贝莜面村被选为年度中华美食代表，走进联合国，向各国媒体与包括联合国秘书长在内的高层，进行为期5天的表演与宣传。这是西贝在国际平台上的一次亮相，也是完成品牌升级后的第一次品牌符号高调亮相。

至此，从内部活动、培训、交流，到外部传播、沟通、表现、推广，从店面到学校，从中国到联合国……在超级符号出现之后，品牌层面的联想和声音浓缩成一个I♥莜。超级符号的使用程度和频率越高，我们的沟通成本就越低。未来，我们要在自媒体系统继续加强超级符号应用，形成压倒性优势。

▷ 联合国官员们对莜面的做法表现出浓厚的兴趣

▷ 《纽约时报》、《华盛顿邮报》、人民网、新浪、搜狐等国内外多家媒体报道了此次活动，I♥莜代表西贝的品牌符号走向世界

超级符号，品牌寄生

超级符号，不仅要生，还要养。如何养？品牌寄生。

超级符号在西贝全国落地之后，如何让大家玩起来，感受到西贝爱的文化，自动自发地传播呢？我们的品牌策略由"生"转到"养"，提出了超级符号的品牌寄生。

那么，"品牌寄生"是什么意思呢？这个理念是由华楠最早提出的，后来也成为华与华方法里面极其重要的一个部分。品牌寄生就是嫁接于文化，也可以嫁接于生活，把品牌植入消费者的生活，寄生在消费者的生活行为中。如拍照大声喊"田——七——"，就是把"田七"品牌寄生在了照相的行为中；又如，"送长辈，黄金酒"就是寄生到了中国的孝道送礼文化中。

这种方法，能让品牌更加生动且深入地参与到人们的日常生活中，在人们的生活中扮演一个重要的角色，日积月累，从而形成一种新的习惯和文化。

"I♥莜"是一个超级符号。它来自西贝人那种"爱"的文化，源于"I LOVE YOU"这句具有文化"原力"的话语。没错！就是把西贝品牌寄生到"爱"的表达中，使之源于符号，成为符号。

I love you —— I♥莜

做产品开发也好，做营销传播也好，我们不是在找一个稀奇古怪的创意，不是在搞头脑风暴，搞一些乌七八糟的点子。我们是在非常明确地寻找母体，而且千方百计地寄生在这个母体之上。

要让超级符号完成品牌寄生的任务，什么样的母体最合适呢？我们相信，让 I love you—— I♥莜寄生在表达爱情的时候，有着绝妙的传播效果，因为我们想到这样的一段对话：

女：为什么带我来西贝呀？
男：你看那边。
女：I love 莜？
男：I love you too。

I♥莜有巨大的能量，可以连接顾客和西贝的情感。I♥莜的告白被拍成超级广告片，在一线城市的各大影院进行贴片投放。逛街吃饭看电影，爱的约会在西贝。

广告片的配乐是超级歌曲《I love 莜贝贝》，改编自经典英文曲目《Can't Take My Eyes Of You》，至今已40多年，各国歌手翻唱无数。有人统计发现，这首歌有40多个翻唱版本，在中国也有十余次翻唱，是一首传唱度极高的"口水歌"。

项目组在做剪辑demo时，剪辑师和周围的同事竟然听着听着就忍不住哼唱了起来，颇有"洗脑神曲"的效果。

为什么带我来西贝啊
I love 莜
I love 莜
I love you too

　　华与华制作广告歌曲的标准：一定要选大家耳熟能详、朗朗上口、容易传播的歌曲作为超级歌曲。甚至，成为"洗脑神曲"也不为过。

I LOVE 莜　贝贝~

我爱上你的美

I LOVE 莜　贝贝~

想念你的滋味

I LOVE 莜　LOVE 莜　贝贝

爱的约会 在西贝~

西贝莜面村

I♥莜

让全中国的人都热烈亲吻起来

　　除了超级TVC、超级广告歌曲，我们还需要一个富有仪式感的节日让I♥莜寄生在消费者的美好回忆里。

怎么做呢？强大的寄生为人们设置议程。母亲节你要送花，端午节你要吃粽子，苹果发布会你要考虑换机，双11你要甩开买……所以我们要打造一个属于I♥莜的盛大仪式，一场属于所有粉丝、吃客的狂欢，让大家来西贝用I LOVE莜表达I LOVE YOU——让全中国的人都热烈亲吻起来。我们选择在每年2月14日情人节，举办西贝亲嘴打折节。活动主题为"亲个嘴，打个折，I♥莜"。

情人节那天，必然会有情侣出去吃饭、逛街、看电影，必然会有情侣经过西贝莜面村。因为我们的门店就在商圈里情侣逛街的必经路线上，这件事情是必然发生的。这个时候，我们推出一个活动"亲个嘴，打个折，I♥莜"。这个叫作品牌寄生。寄生在什么上面？寄生在情人之间最常见的仪式——亲嘴。

我们的活动鼓励情侣亲嘴，鼓励老伴儿亲嘴，鼓励向你爱的人表达爱意，让品牌参与到他们的爱情中去。通过仪式将品牌寄生在母体之中，随着时间的推移，这个活动的生命力会越来越强大。

20年后，当年的小情侣已经当了父母。这个品牌，这个餐厅会成为他们爱情的记忆。他们会对这个品牌有着深厚的感情。而当又一代年轻人成长起来，也就是他们的子女也在过情人节时，人们在情人节当天还是会和情人去逛街，还是会经过这家餐厅。这个时候"亲个嘴，打个折"就不再是一个品牌活动，而是成为了情人节这个巨大的母体中，一个非常有生命力的新母体，它就壮大了母体。

随着几十年如一日的推广，随着这家餐厅遍布全世界，"亲个嘴，打个折"也会成为情人节这个母体中一个新兴的仪式。这就是品牌寄生。而如果不是因为他找到了这样的一个母体，它是无法自己建立出一个新母体的。自己建立出一个新母体成本太大、困难太大。

符号越强烈，寄生的能力就越强。情人节还有另外一个仪式，就是你可以看到小情侣逛街都是牵着手的，那你说牵个手打个折行不行？如果变成"牵个手，打个折"，那你就完蛋了。因为牵手的符号不够强。亲个嘴，这个符号才足够强烈，才能形成足够有力的寄生。

▷ 第一届、第二届、第三届

▷ 情人节当天的商场路演活动，大家纷纷挑战高难度吻法

一旦你成功地寄生上去，你就知道，这个品牌定型了。今后要做的事情就是不断地强化这个仪式，让你这个商品的仪式成为母体仪式的一部分，乃至于替代母体本来的仪式。在这方面做得最成功的，就是可口可乐的圣诞老人。1935年，当可口可乐画出这个红白衣服的圣诞老人，去替代以前花花绿绿的圣诞老人时，他仅仅是实现了一次成功的促销活动。而当他把这个促销活动持续到今天，他就牢牢地占据了圣诞老人这个母体，并且把以前的圣诞老人清除出局。他成了母体的一部分，而且他壮大了母体。是谁让中国人过圣诞节的？可口可乐是背后最大的推动者。

　　在这样的营销影响力下，I ♥ 莜不仅是品牌符号，更是一种巧妙表达爱意的话语。

营销就是一种服务

　　营销就是一种服务。亲嘴打折节是对顾客的真诚服务，不是公关促销活动。

　　到了2018年，西贝亲嘴打折节已经成功连续举办了三届。这三年来，亲嘴打折节活动做得非常轰动。

　　2016年，香港大学把"西贝亲嘴打折节"的创意活动，写进MBA案例，将其定义为公关促销活动，这并不准确。我们从来不靠搞活动来做生意，亲嘴打折节也不是为引来多少顾客而做的公关促销活动。

　　什么是营销？营销就是服务，这只是我们创造顾客体验的增值服务。做企业要学会"只问耕耘，不问收获"，正心诚意地服务好我们的顾客。

　　第一届西贝亲嘴打折节一开始就火爆了，第二届又因为情人节和春节相隔较远，北上广的上班族都回来了。西贝董事长贾国龙说："平时是吃饭排队，今天是亲嘴排队！"

　　到了2018年的第三届，就出现了这样的疑惑：今年情人节和春节假期重合，2月14日在放假期间，北上广都是空城，这个活动肯定没人来，要不要把亲嘴打折节改到七夕或者5月20日？

我们还是回到原点思考，从超级符号"I♥莜"，到情人节提出"亲个嘴，打个折"，这些都出于一个简单的想法。我们并不以举办一场轰动的活动，让人排队为目的。

如果情人节刚好跟春节遇上，城市冷清，我们就给那冷清中的顾客注入一点热闹。只有两三桌，就让这两三桌开心一下。我们不排除这样的可能性：由于有这个活动，在全城空城的时候，大家都知道到西贝来才有热闹，只有西贝最热闹，因此都到西贝来。

实际上在2018年，我们的活动更轰动了。更多的顾客到店参与，大家也更热情了。但其实我们事先并不确定能否，也并非一定要"制造一个轰动效应"。轰动效应是自己来的。我们靠真心诚意来经营，靠"闭着眼睛点，道道都好吃"，从菜品、环境，到服务各方面都做好，其他的只是不断给品牌增光添彩。

▷ 全国数以万计的顾客参与，掀起全民亲吻热潮

生物钟营销，100年后人们一样在这一天来西贝过情人节

童话《小王子》里，狐狸对小王子说："最好你能在同一时间来，比如说，下午四点钟吧，那么我在三点钟就会开始感到幸福了。时间越来越近，我就越来越幸福。到了四点钟，我会兴奋得坐立不安。幸福原来也很折磨人呵！"

华与华把这种"驯养"，称作是生物钟营销。这个生物钟，在西贝这里叫作"品牌节日"，在华与华方法里叫作"品牌寄生"。我们把西贝寄生到情人节这个母体，做一个品牌节日，每年固定在2月14日，也就是西贝的亲嘴打折节。

当这个活动坚持5年、10年，是不是就形成了生物钟营销的"驯养"？每到情人节，大家都到西贝玩；遇到冷清的春节，我们这里仍然是高朋满座，爱意满满！

决断才是生产力！所有的胜利都是企业家的胜利

西贝莜面村董事长贾总和华与华董事长华总有过这样的一段对话。

贾总："华与华这个I♥莜的创意，太精彩了！"
华总："是你的决断精彩！换一个人，换成其他老板可能会觉得'I♥莜'做个服装品牌还行，放在餐饮品牌不太合适吧。再改来改去，最好的创意就没了！"

一个好创意是否能够充分展示它的价值，靠的就是老板排除争议，赋予组织强大的执行力。所以决断力才是生产力，所有的胜利都是企业家的胜利。

I♥莜是从西贝内部生长出来的。我们没有给这个品牌创造什么新东西，只是重新发现了这个企业存在的那个最闪光的部分，把这个闪光的宝贝从它20多年的成长宝库中小心地筛选出来，重新打磨、抛光，让它融入到现代人的生活中，让它成为它自己，它就会自己蓬勃生长、大放异彩！

现在，I♥莜已经是中国餐饮行业的一个超级符号，不仅代表了爱的表达，还释放出巨大的爱的"原力"。它让西贝成为一个有爱的餐厅，用爱和喜悦创造了一个"原本无论如何都不会发生的未来"。

后记

2015年，西贝项目组凭借"I♥莜"的超级创意，获得了公司内部首个100万元创意大奖。2018年，是华与华与西贝持续合作的第5年，西贝已经成为中国餐饮行业排名第一的正餐品牌。我们总结西贝成功的真因之一，就是超级符号"I♥莜"的诞生，为西贝的发展建立了全新的、里程碑式的品牌资产，为品牌的发展注入了巨大的爱的能量。

▷ 2015年，西贝项目获得首届华与华100万元创意大奖

360案例

贺 绩/孙 辉

360 www.360.com 安全第一 ®

360案例
不管世界怎么变，安全第一永不变

　　360是华与华自2012年12月起就开始合作的客户，到2019年已经进入到第6个年头。在2016年华与华超级创意大奖的FK中，360项目组力压群雄、勇夺第一，抱回了100万元现金大奖。自2012年开始为360提供咨询服务至今，华与华为360做了以下4件事：1.在2012年，为360提出了全面转型互联网安全的企业战略；2.规划了个人网络安全、企业网络安全、国家网络安全三大业务组合和产品结构，并建议收购B2B互联网安全龙头企业，成立360企业安全集团；3.提出了"360安全第一"的品牌战略，创意了"安全第一"的超级符号和超级口号，并通过图形设计，将它注册为360商标，成为了360的品牌资产；4.创意并建议360召开的中国互联网安全大会，自2013年以来已成功举办五届，成为了亚太地区规格最高、规模最大、影响最为深远的安全会议。

五年多的时间内，360创造了很多第一，我们也创造了很多第一。但这所有的第一，都是从一个质疑开始的。

来自"红衣教主"的质疑

2012年11月，360董事长"红衣教主"周鸿祎和华杉进行沟通时，就曾经有过质疑。他说："我发现华与华服务的这些品牌，基本上都是从无到有，或者是从小到大，伴随着品牌成长慢慢做大的。对于我们这样一个已经非常成熟的大公司，你们能做好吗？"言辞之犀利一览无遗，这是"红衣教主"的一贯作风。

其实，在接这个项目之前，我们也在内心深处反复问自己，能不能做好。

2012年的360已经彻底颠覆了杀毒软件市场，在整个互联网行业内产生了巨大的影响力。它是一个胜利者，也是一个领导者。对于华与华来说，更是面对着一个全新的行业和领域。如何让一家优秀的大型互联网企业变得更加优秀，乃至伟大，这是一项巨大的挑战。

值得注意的是，彼时的360虽然风头正劲，但业务范围仍然限于to C（用户）端。随着互联网的高度普及和深度应用，to B（企业）端市场乃至to G（政府）端市场既是无法绕开的坎儿，也是需要占领的制高点。如何把to C端的品牌影响力延续到to B端和to G端，这并非一个简单的命题。更何况在B端和G端市场中盘踞着众多实力强悍的传统互联网安全品牌，360想从中切出一块蛋糕来并非易事。

面对质疑和挑战，我们的信条就是干了再说。只有行动，才能消除对未知的不安。2012年11月，360项目组正式组建，开始了这场充满未知的挑战之旅。这一切，都从定义级的洞察和原理级的解决方案开始。

安全是360最大的使命和战略

我们始终认为，企业生存的本质在于企业的社会价值，在于企业的社会分工和角色，在于企业的经营使命。管理大师德鲁克在这方面有很多的论述，他说："企业是社会的器官……任何企业得以生存，都是因为它满足了社会某一方面的需要，实现了某种特殊的社会目的。"正确的认识都是一样的。在"中国发展高层论坛2016"经济峰会上，扎克伯格结合自身经验给创业者提出一些建议："你要想着解决问题，而不是单纯想去开一家公司。很多人在没有想到要去解决什么问题之前就开了公司，在我看来这很疯狂。"

企业存在的目的就是为了解决社会问题。一个社会问题，就是一个商业机会；一个巨大的社会问题，就是一个巨大的商业机会。企业的战略、业务组合和产品结构，就是关于这个社会问题的解决方案。也就是说，企业战略不是企业自身的战略，而是企业为解决社会问题，而为社会制定的战略。

这就是华与华的企业战略方法论：三位一体模型。

我们首先找到企业想要解决的社会问题，并将"解决这个社会问题"定义为企业的经营使命，再根据如何解决社会问题，来确立企业战略，并形成业务组合和产品结构。

如果我们能从企业的社会价值出发，去规划我们的企业战略，并建立起一个方法论，我们就站在了生存发展最坚实的基石上。

先找战略基因，再找社会问题

迈克尔·波特在他制定区域经济产业战略时说，要找到地区的"资源禀赋"，总是要基于你的禀赋，来制定你的战略。企业制定战略也是一样的，要基于资源禀赋和战略基因。要进入一个事业领域，如果你有那个基因，就会势如破竹；而如果你没有那个基因，怎么也弄不成。

360的资源禀赋和战略基因是什么

作为Free（免费）+Premium（增值服务）互联网商业模式的践行者，成立于2005年的360，以传统互联网安全行业颠覆者的形象出现，通过提供高品质的免费安全服务，为中国互联网用户解决上网时遇到的各种安全问题。

作为免费安全的倡导者，360认为互联网安全像搜索、电子邮箱、即时通信一样，是互联网的基础服务，应该是免费的。为此，360安全卫士、360杀毒等系列安全产品均以免费的形式提供给中国数亿互联网用户。有了海量的安全用户，360又相继推出了360安全浏览器、360安全桌面、360手机卫士等系列产品，深受用户好评。

360的快速崛起，直接导致当年活跃的互联网安全传统品牌诺顿、卡巴斯基、瑞星、江民、金山等逐步淡出，或被迫转型。互联网安全从此进入免费时代，360也成为互联网安全领域的领导品牌。

同时，360也在积极地探索业务的拓展。比如进行智能硬件领域的探索时，360相继推出了360特供机、360儿童手表等产品；在直播成为风口的时候，360也做了花椒直播。在业务的整体探索上，360还是延续着之前的成功经验——流量变现。

但在华与华看来，在万物互联的人工智能时代，安全将成为重大风口和支柱产业。360已经隐隐触及一个新的社会分工：互联网安全。并且，华与华基于此为360提出了转型互联网安全的企业战略。

从互联网到移动互联网，再到物联网、智联网，网络已经渗透、融入到了生产和生活的各个层面。网络安全真正成为发展的基础、前提和保障。

从国家层面来说，网络空间成为"海、陆、空、天"后的第五空间。"没有网络安全，就没有国家安全。"2017年6月1日，《网络安全法》正式施行，网络安全已经上升到了国家战略层面。这印证了我们的想法。

这就是360的战略基因，也是360要解决的社会问题。

找到了这个战略基因和社会问题，再根据华与华三位一体企业战略模型，我们给360找到了一个社会问题、定位了一个社会分工——互联网安全。360的企业社会责任和经营使命就是保护中国互联网安全。

使命决定战略，那么360的企业战略，就是为了解决网络安全问题而为社会制定的战略，也就是关于网络安全问题的解决方案。

360事业理论——保护中国互联网安全的事业理论

企业对社会问题的解决，必有一种理论。这一理论必是先进的、能令人信服的、能解决问题的。它是对所从事的这个事业的独特认识，是一种有着独特角度和系统的方法论。这就是事业理论。

比如阿里巴巴对电商有它的一套事业理论，腾讯对社交有它的一套理论。这就是德鲁克所说的：任何组织要想取得成功，都必须拥有一套自己的事业理论。360对互联网安全需要有自己的一套事业理论，一套先进的、能够解决网络安全问题的事业理论。

360的事业理论主要包括以下三个层面。

● 划分三大业务领域

这套事业理论以保护中国互联网安全为经营使命，首先是针对事业领域，规划了三个业务领域：国家网络安全、企业网络安全、个人网络安全。

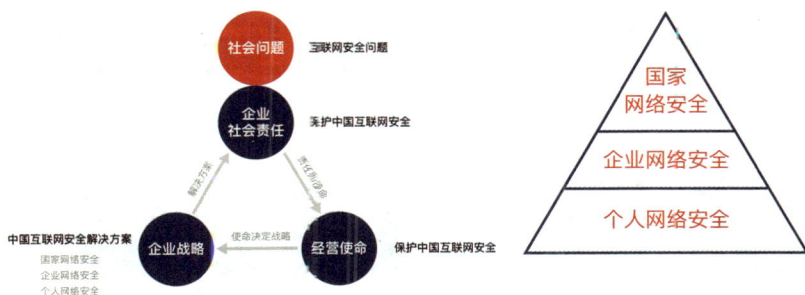

为什么这么分？因为世界就是认识，认识就是分类，分类就是命名和标签，命名和标签就是词语和符号。这样的分类，就把保护中国互联网安全的经营使命落实到了三个具体的方面，也就分出了我们的客户和业务，分出了国家、企业和个人。

国家网络安全，这里既是指解决国家层面网络安全问题的项目，也是指受到国家支持的项目。网络安全已经上升到国家战略层面，与国家关键信息基础设施息息相关，成为总体国家安全观的重要组成部分。没有网络安全，就没有国家安全。

企业网络安全这里呢，是解决企业级网络安全问题的，包括为政府、各个行业、企业提供安全产品、安全服务和解决方案。相对于受到国家支持的国家网络安全业务，企业网络安全业务更加市场化，更具盈利空间。

那么个人网络安全这里呢，实际上就是安全平台和安全入口。360安全卫士、360杀毒、360手机卫士、360安全浏览器等系列安全产品积累了大量的安全用户、互联网用户和数据，为后续创新安全方法论奠定了坚实基础。

▷ 数据驱动安全2.0

这三层，实际上就是个安全的金字塔，从国家到企业再到个人。当我们在国家网络安全这个层面建立了高度后，我们在企业和个人层面的势能就越来越强，并且能更好地反哺国家，成为中国互联网安全中心。

随着互联网的发展，万物互联成为必然，安全就成为发展的前提和基础。我们也可以继续发展下去：物联网安全、工业互联网安全……

● 战略收购，进军to B

上面划分的业务领域实际上分为两类：to C的业务和to B的业务。在此之前，大众所熟知的360是一家to C的公司，并没有B2B业务。包括从纳斯达克退市到A股重新上市，也是指的to C业务板块。

在确定了保护中国互联网安全这一战略，以及国家网络安全、企业网络安全、个人网络安全三大业务领域分类后，360先后收购了传统互联网安全领域的领先品牌——网神和网康，进军网络安全to B市场。

这样的战略收购，在原有to B业务的基础上，充分整合了原先缺乏的行业资质和渠道资源，也融合了更多的产品服务和人才团队。2015年5月，360企业安全集团宣布成立并开始独立运营，正式踏入网络安全to B市场[1]。

● 创新安全方法论

由于360有数亿安全用户，积累了大量的安全大数据，这是传统的B2B互联网安全公司所无法比拟的。

以这样的资源禀赋为基础，结合业界领先的大数据分析能力，360企业安全在2015年提出了"数据驱动安全"的新安全方法论，并在2017年持续升级为"数据驱动安全2.0"（图见第30页），建立了以人为核心的新一代安全防御体系，用大数据的方法解决大数据时代的网络安全问题，成为行业发展的风向标，代表了网络安全行业的先进生产力和先进文化。

---

1 这个独立运营的主体并不在A股重新上市的业务板块内。

在B2B业务中，360实际上成为了互联网安全领域的IBM。如果说IBM是"智慧的地球"，那么360就是"安全的地球"，为企业、政府、机构提供互联网安全咨询、解决方案、安全产品和服务，成为全社会的首席互联网安全知识官和中国的互联网安全中心，并承担起保护中国互联网安全的社会责任。

战略的成功是"五个市场"的成功

从2012年到2017年，360的业务版图也从to C转向to C + to B，初步形成了完整的安全业务版图。

从"免费杀毒"到"保护中国互联网安全"，360形成了新的业务组合和产品结构，这里的成功是在"顾客市场"上的成功。但企业的成功并不只是在顾客市场上的成功。我们引入华与华方法的企业战略模型：五个市场模型。

顾客第一。没有顾客，就没有企业。德鲁克说，经营的任务就是创造顾客。我们通常说的市场，就是指顾客。这个好理解，就是要让顾客尽兴。

除了顾客市场，企业还要面对人才市场、资本市场、政策市场和公民社会。

在人才市场，员工是内部顾客。我们要吸引人才，让人才乐意来我们公司工作，又要让每个人都能在这里尽兴发挥，不仅创造事业成就，而且实现人生目标和美好生活。能否吸引人才，也基于我们企业的价值。

在资本市场，我们有最性感的成长故事，足以吸引长期的投资，而且融资成本很低。

在政策市场，我们能够得到各级政府、各国政府和议会的欢迎和支持，甚至能推动制定我们认为符合全社会利益，又事关行业发展的政策、法规。因为我们的事业值得他们这么做。

在公民社会，我们是造福一方百姓、推动社会进步的力量。面对各种团体、媒体、公众，我们都能"我心光明"，满满的正能量。

从企业的五个市场模型再看360：
在顾客市场，360转型互联网安全，形成了新的业务组合和产品结构；
在人才市场，360向全球的互联网安全人才发出了邀请；
在政策市场，360成为政府的互联网安全知识和技术伙伴；
在资本市场，360形成了新的投资概念；
在公民社会，360成为中国互联网安全的"守护者品牌"。

到这里，360就构建了一个安全价值。在这个安全价值下，我们就有可能重构所有的互联网业务，创造安全的社交、安全的通信、安全的电商……我们称之为战略镰刀。拿着这把叫作安全的战略镰刀，就可以收割其他互联网服务领域——别人地里的庄稼。

以后的互联网服务就有两种，一种是安全的，一种是不安全的。

品牌"核武器"是怎样炼成的

任何战略都要落到一个具体的招数，也就是一个超级符号、一句超级话语上。

明确战略后，关于安全，关于360互联网安全中心，我们要说什么？要做什么？充满艰辛的创意孕育之路开始了。360项目组陷入到深深的焦虑当中。

重压之下，我们把目光重新转向华与华方法，再一次探寻超级创意的本质。

华与华方法是企业的符号学方法，是品牌营销的超级符号方法。超级符号是人们本来就记得、熟悉、喜欢的符号，并且人们还会听它的指挥。超级符号是蕴藏在人类文化里的"原力"，是隐藏在人类大脑深处的集体潜意识。将超级符号嫁接给品牌，就得到了超级创意、超级产品、超级品牌、超级企业。而超级话语，就是嫁接了人类语言文化的超级符号。

安全和我们的关联如此密切，每每感觉想要的超级创意就在眼前，就在身边，却怎么也抓不到。

2014年2月的一个早上，360项目负责人、华与华合伙人贺绩像往常一样早起、冥想、上班。因为家离公司很近，贺绩都是步行上班。步行有助于思考，也有助于

我们更好地观察、理解这个世界。当路过一处建筑工地时，贺绩被一个横幅所吸引——"安全第一"。他盯着那个牌子，感觉所有的焦虑都被吹散了。

安全第一，苦苦寻找的超级创意就在你我的身边！它一直都存在，等着我们来引爆那已经积蓄了多年的文化"原力"。

说到"安全第一"，它还跟我们敬爱的周总理有着一段渊源。1957年，周总理在民航局《关于中缅航线通航情况的报告》上作出"保证安全第一，改善服务工作，争取飞行正常"的批示后，"安全第一"就成为各行各业安全生产工作的指导方针。在《安全生产法》第一章第三条中规定："安全生产工作应当以人为本，坚持安全发展，坚持安全第一、预防为主、综合治理的方针。"

到了今天，"安全第一"的标志随处可见，成为人们深深认同而且能脱口而出的安全关键词。人人都见过"安全第一"，人人都听过"安全第一"，人人都说过"安全第一"，人人都遵守"安全第一"，这就是"安全第一"蕴藏的文化"原力"。"360安全第一"，就将"安全第一"中的文化原力嫁接到360品牌上，帮助360在互联网安全领域抢占了第一话语权。

但仅仅有这句话还不够，在具体应用上我们将"安全第一"做成了一个符号，就是安全指示牌。安全指示牌的原型，就是交通安全指示牌，这个是我们每个人都可以看到的东西，是代表安全和指示的超级符号。这个符号和这句话，就赋予了360安全的、权威的品牌形象。

那么，如何让这个超级创意变成360的品牌核武器？

我们的办法就是商标注册。目前，"安全第一"作为商标已成功注册，成为360专属的、独一无二的品牌超级口号，具有唯一性、权威性、排他性。

通常我们把这个叫作品牌核武器。什么叫核武器？就是只有我们可以用，而别人不可以用的，并且一旦拿出来就是一战而定，就是这么霸道。

全面媒体化——超级创意的超级应用

围绕"360安全第一",我们还创作了"安全第一,就用360"等一系列超级口号,使得"安全第一"广泛应用在所有的传播场景中。

在360所有对内的线上及线下物料上,都有"安全第一"的应用。比如网站、官方微博、微信、邮箱标签、手提袋、产品画册、单页、易拉宝等。还有一个比较有特点的,就是所有的进360公司的访客都要贴一个贴纸,这个贴纸上写的也是"安全第一,就用360"。

在所有的展会上,我们的展台设计都包含了"安全第一",这样所有参会的人,所有拍摄的照片、采访的镜头,都有"安全第一"。

根据安全的特殊属性和具体的传播场景,我们也有很多创意媒介应用。比如,在2014年的中国互联网安全大会上,我们在各个出口和入口处,做了异形的"安全出口"和"安全入口"。2015年的中国互联网安全大会也沿用了这种应用,上面的标语就是"安全第一,就用360"。

▷ 360展台

▷ 合作海报

▷ 新闻报道中的背景板

▷ "360安全第一"的全面媒体化

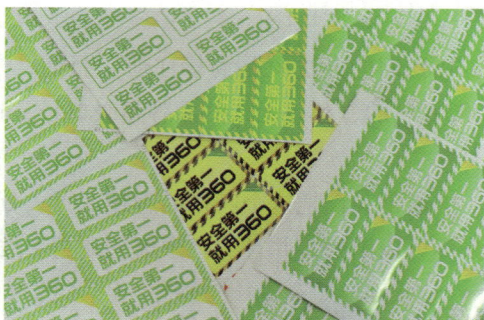

在周鸿祎接受采访的时候，在对外和品牌合作发布会的时候，所有的背板上都有这句话。一些电视媒体采访360安全专家的时候，他们的背景板上依然是这句话。包括360和《变形金刚4》合作时，它的主题也是"保卫地球，安全第一"。

我们把"安全第一"的超级话语，以各种表现形式充分应用到所有传播规划中，实现全面媒体化。时时刻刻、无处不在地重复"安全第一"，它的每一次重复都是投资，都是积累。100年后，我们还能收到第一声话语的"利息"。

品牌话语体系——360五大安全第一

围绕"360安全第一"的品牌主张，我们还策划了以"五大安全第一"为核心的整套360品牌话语体系，以保证360品牌在对外传播上的一致性和整体性。

第一个就是安全人才第一。在互联网安全这个行业，它的本质实际上就是人与人之间的对抗，所以说人才就是根本。360拥有亚太区域顶级的安全人才团队：全球顶级安全专家数百人，核心安全产品团队2000人，整个安全团队共4000多人。除了数量在全国遥遥领先，360在质量上也毫不含糊。

2015年3月，360漏洞研究团队首次参加世界顶级黑客大赛PWN2OWN，仅用17秒便攻破史上最难IE，是9年来亚洲安全团队首次攻破IE。2015年8月，360安全研究团队的6大议题分别登上2015年的世界黑帽大会BlackHat，以及世界黑客大会DEFCON，代表中国的安全研究团队再次创造历史。

第二个就是安全创新第一。比如全球第一个推出免费安全模式、中国第一个普及"打补丁"概念、全球第一个在线电脑远程维护平台、全球第一个平台内网购被骗可获全赔的保障模式等。此外，还有多项中国首创功能，全面保护用户的电脑健康。

第三个是安全技术第一。比如全球第一个推出白名单查杀技术、全球第一套真正大规模使用的云查杀系统、全球第一个安全防线最前置的主动防御系统、全球第一套使用机器学习技术的智能杀毒引擎等。凭借领先的漏洞发现技术，360在2015年荣获苹果、谷歌、微软等全球顶级公司官方致谢110次，仅次于谷歌。

第四个是安全专利第一。仅截至2014年3月，360所申请的安全专利数量就高达2579件。其中国内专利申请2391件，海外专利申请188件。所有安全专利中96%以上属于发明专利，并且这一数据仍在快速增长中。凭借众多的专利数量，360连续两年获评"千件专利企业"荣誉称号，安全专利数量在国内互联网公司中稳居第一。

第五个是安全责任第一。基于对自身使命的坚守，360勇于主动承担社会责任，大力普及安全知识，引导网民安全使用互联网，维护网民财产信息安全，在推动行业进步、推动公众对互联网安全的认知上起到了关键作用。

360 五大安全第一

重新定义公关——公关是社会服务产品

每当说到公关，很多人都会理解为这个企业出了事儿，于是出来平事儿，也就是所谓的危机公关。而在我们看来，这种概念太过低端，缺乏基本的认识。

华与华方法认为，公共关系是企业的公共事务、公共责任，是企业作为某一方面的权威专家的责任，也是作为某种梦想化身的责任，而不是简单的协调关系，所以要从产品开发的角度来看公关。公关是企业的战略产品，是企业的社会服务产品。正如法国社会学家、符号学家罗兰·巴特所言："商业动机不应被掩饰，而应该被放大，并与人类的宏大叙事相结合。"

企业是社会分工的机制，企业的社会责任是企业的任务，不是企业的义务。在这个基础上，华与华重新定义了公关：公关是企业社会责任范围内的社会服务产品，而不是一般理解上用危机公关"平事儿"的低端概念。

所以说，我们为360策划的中国互联网安全大会并不只是一场普通的公关活动，而是以产品开发思路推出的公关产品。它既能提供产品所需要的购买理由，也具有作为品牌最大传播媒体的属性。更重要的是，作为社会服务产品，它是品牌商业动机与人类宏大叙事的高度结合。360在整个大会中没有任何具体的营销和销售目的。中国互联网大会的目的，就是广泛集合全球的互联网安全技术、专家、机构和智慧，为中国互联网安全提供一个交流和研讨的服务平台。

恰恰是这样一个基于社会责任的公关产品，奠定了360成为中国互联网安全中心的权威地位，同时也收获了巨大的营销价值。从2013年开始，成功举办了三届的中国互联网安全大会，俨然已经成为330的最强公关产品和安全背书，建立了他人无法企及的竞争壁垒。

2013年9月23日，第一届中国互联网大会在北京国家会议中心隆重开幕。大会吸引了全球众多安全行业、互联网行业相关人士，更引发了大众对"互联网安全"前所未有的关注热情。大会3天累计参会人数超过11 000人，堪称2013年度安全领域最大盛会。

到第二届的时候，中国互联网安全大会已经成为亚太地区最高规格的信息安全峰会，创造了超过2万人次参会人数的纪录。美国首任国土安全部部长汤姆·里奇、计算机病毒之父弗雷德·科恩现身做主题演讲。中国工程院院士、中国互联网协会理事长邬贺铨，信息安全专家沈昌祥等业界顶级专家学者悉数到场。大会召开的第二天，更引发了国内安全概念股的全线飘红，这是多么大的影响力！

2015年第三届中国互联网安全大会更是规模空前，设立了2个峰会13个论坛，3天总参会人数超过3万人。美国网络司令部前司令、国家安全局第十六任局长基思·亚历山大，以及国家创新与发展战略研究会副会长郝叶力将军，参与了中美顶级安全战略智库对话。大会主题"数据驱动安全"已经成为业界公认的安全理念和发展趋势，奠定了360在互联网安全领域的权威领导地位。

除了中国互联网安全大会，我们持续为360策划了公关产品"中国互联网安全报告"。这个产品是建立在360多年积累的安全大数据基础上的，不是每个人都能做。360每年发布中国互联网安全领域的年度行业报告，并通过网络、杂志、自媒体等广泛传播。与优秀公司合作就会使一加一大于二。他们能够充分理解这个创意，并通过超高的执行力让它变得更加优秀。截至目前，360互联网安全中心旗下的安全报告已经形成了以"安全研究"和"非安全研究"两大类为主，全面涵盖移动安全、PC安全、网站安全、企业安全、网络诈骗、综合研究、应用市场、大数据等十余个小类的全面安全报告。

360安全报告的持续发布，在整个安全行业、互联网行业乃至全社会均产生了积极深远的影响。我们将360作为"中国互联网安全中心"应该承担的社会责任，贯彻到底，也让普通大众、企业、政府等对360产生了习惯性的资讯依赖，持续奠定了360在互联网安全领域的权威地位。

▷ 2013年中国互联网安全大会

▷ 2014年中国互联网安全大会

▷ 2015年中国互联网安全大会

▷ 2016年中国互联网安全大会

▷ 2017年中国互联网安全大会

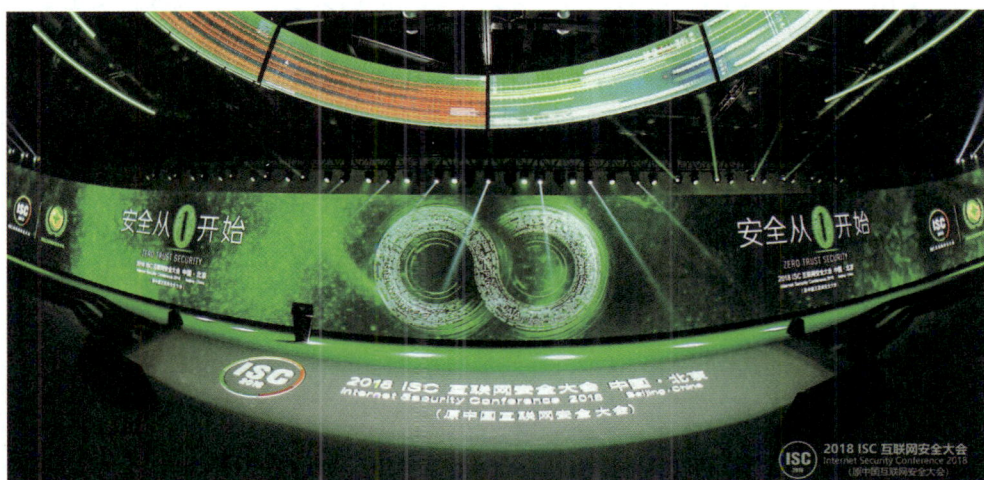

▷ 2018年中国互联网安全大会

基业长青不是找风口，而是找社会分工

2012年，正是"互联网思维"如日中天的时候，"风口的猪"理论大行其道。大家都在讨论下一个风口在哪里，以及硬件免费、软件赚钱这些话题。连餐饮业都开始惊慌，说以后吃火锅免费了怎么办。

我们的一贯观念，是对未来要有远见，但不要做过度预测。正如德鲁克所说："关于未来，我们只有两点是确定的。一、未来是不可知的；二、未来肯定和我们预测的不一样。"

所以，我们从来没有关心过"下一个风口"。下一个风口跟我有什么关系呢？我也从不担心会被时代淘汰，因为我知道自己的社会分工，我知道自己在为社会解决什么问题。360就是在为社会解决互联网安全的问题。从解决个人网络安全，到解决企业和国家网络安全；从解决PC、移动网络安全，到解决物联网安全。变的是领域，不变的是安全。不管世界怎么变，安全第一永不变。

这就是360的经营使命，对社会也是一个重大的任务和责任。

使命必须是永无止境的。比如医生的使命是治病救人，不会有哪一天说天下病人都已经治完了，医院可以关门了；警察的使命是抓坏人，也不会说如今天下无贼了，警察局可以关门了；360的使命是保护中国互联网安全，不会说现在安全了，不需要360了。

安全是一场永无止境的战争。现在的安全是暂时的，不是永久的，必须不断地进取。因为使命不绝，所以基业长青。

柯林斯的名著《基业长青》提出一个研究成果。基业长青的公司，都是有使命的公司，有超越利润的追求。柯林斯最令人印象深刻的，是他在序言中的一段话：我们不是要建立一间基业长青的公司，而是要建立一间对于社会来说，值得基业长青的公司。就是说，咱们自己想基业长青，那没有用。关键是对于社会来说，我们值不值得基业长青。

再回顾一下前面对企业的定义：企业组织，是一种社会分工机制。它为社会承担责任分工，为社会解决问题。企业因为社会的需要而存在。

社会不需要，企业就不能存在。要保持基业长青，就要保持一直被社会需要。如果你没对社会承担什么重大责任，社会就有你不多，没你不少，企业就不能基业长青。找到企业社会责任和经营使命，就是企业安身立命之本。

不要去找"下一个风口"，因为找不到。要找"社会分工"。保护中国互联网安全，就是360的社会分工、企业社会责任和经营使命。

"安全第一"——360与全社会一起构建安全命运共同体

不管世界怎么变，安全第一永不变。

截至目前，360的PC端、移动端总用户数超12亿，已成为全球用户数最多的互联网安全公司。而成立于2015年的360企业安全集团，通过事业理论和技术思想的创新，在短短3年多的时间内成为了国内企业级网络安全领域的第一品牌。

作为唯一拥有互联网和安全大数据两大基因的互联网安全公司，360提出"数据驱动安全"这一前瞻性思想，建立了以"天"字系列安全产品为主的新一代企业安全防护体系，用大数据的方法来解决大数据时代的网络安全问题。

2012年，我们和360刚合作的时候，小米手机刚刚火起来，那时大家很恐慌。雷军提出了风口论，然后所有的人都在问，互联网下个风口在哪里。其实，下一个风口在哪里这个问题，谁也回答不了。

还是要提到德鲁克那两条关于未来的论断：第一，未来是不可知的；第二，未来肯定和我们预测的不一样。所以去追风口的人是追不到风口的。这个时候360在做什么？就是永远坚持安全第一。基于360的企业基因，我们要做中国的互联网安全中心。

2015年的第二届世界互联网大会提出了"共同构建网络空间命运共同体"的五点主张，旨在为全人类建设一个"互联互通共享共治"的网络空间共同体，并强调"安全是发展的保障，发展是安全的目的"。多年来，360一直以社会价值论为战略导向，主动承担社会使命和社会责任；以互联网安全为出发点，为个人、企业、国家提供互联网安全支持。

　　2016年，360项目组夺得华与华第二届100万元创意大奖。

　　2019年，360企业安全集团更名为奇安信科技集团。4月12日，360公司发出公告宣布，对外转让所持的奇安信全部股份，交易金额37.31亿元。

六颗星牌长效肥

宋雅辉／周庆一

六颗星
六颗星牌长效肥
轰它一炮管半年
26-12-14
六颗星
掺混肥料
锌+硫 三段控释肥
总养分≥52%
把·锌硫·住
三段控释 全新升级

六颗星牌长效肥
农业品牌的营销传奇

吉林云天化是云天化集团在东北地区设立的战略发展基地，成立于2008年8月，是国内仅有的一家集"种、肥、药、粮"为一体的现代化农业产业链运营商。

2009年，华与华成为吉林云天化的品牌战略伙伴，为其化肥板块业务提供战略营销咨询服务。这也是华与华方法在大农业产业的首次实践。

华与华以全新的思维方式运作农业化肥品牌，从行业趋势和当地农民需求出发，定位"六颗星长效肥"，通过打造"六颗星"超级符号，提出"六颗星牌长效肥，轰它一炮管半年"超级话语，推动六颗星产品、渠道、终端全面媒体化，让六颗星品牌实现了"低成本、高效率"传播，引爆了"六颗星"品牌产品风靡和热卖。

今天你可以发现，我们为六颗星设计的品牌符号已遍布东北的大街小巷，我们的超级话语也在农民中口口相传。六颗星品牌化肥已经成为农民年年用、放心用的明星农资品牌。

六颗星超级品牌源于一个社会现象

2009年，在初期调研农民购买化肥时，我们看到了一些让人震惊的画面：当地的农民世世代代都以耕种为生，但是种了几辈子地的他们，对于用什么化肥，每年还是要不断打听，生怕买到质量低劣的化肥，影响一年的收成。他们在开春的时候会跟亲友打听，丰收的农民用的是什么肥。而在观察农民的实际购买时，我们发现他们判断化肥品质的手法又五花八门。用火烧，有泡沫为好；用牙咬，有异味为好；看表面，光滑为好；看有没有粉末，无粉末为好。判断方法非常粗陋，知识存量十分单薄。

农民们种了几十年的田地，还没有成熟的品牌可以信任，这在其他行业是不敢想象的事情。

这不是耸人听闻，而是农民司空见惯的现实。

总体来说，化肥产品处在一种低价竞争的恶性循环状态中。农民利益得不到保障，急需"品牌王者"的出现。

当时中国农业市场的市场化程度低，营销能力弱，产品开发落后，农民没有可以信任的化肥品牌。

此外，市场上充斥着低价、劣质的低端产品。数量众多的小厂化肥占据着农村传统零售终端的巨大份额，毫无品牌可言，质量也没有保障。我们认为，吉林云天化建立品牌后将逐步替代这个巨大的市场。

吉林云天化有着强大的资源禀赋、先进的制造技术和大规模生产的能力，足以制造高品质的化肥产品。我们惊喜地发现，吉林云天化具备了全面提升品牌形象并领导市场的各种基础条件。

一个超级品牌的诞生

● 购买流程的心理分析是一切的核心

华与华方法说：现场有神明。一切的创意都从现场调研开始，而调研的关键就是要了解消费者的故事，了解购买是如何发生的。

我们以卖场蹲点的方式研究购买流程，一蹲就是12小时。我们研究农民如何走进农资店，如何挑选一个化肥，最终又是如何决定购买的完整流程。这样的一个过程，是一切创意的开始，为我们进行品牌的创造建立了理论框架。

购买环境决定消费者的购买习惯。有什么样的销售终端，就有什么样的购买习惯。

我们有了一个发现：化肥销售终端脏、乱、差，农民根本无从选择。

销售终端就是各个化肥品牌会战的地方。但当时的销售环境非常差，所有的化肥堆在环境脏乱、光线昏暗的农村小店里，也没人给你搞陈列管理。农民在购买化肥时，根本不知道哪一个产品能满足他的需要，基本是一片迷茫。于是那些利润更高的小品牌有机可乘了。促销员可以轻易地帮农民"选择"产品。

▷ 化肥销售终端实拍

我们应该怎么做？

我们的任务就是利用超级符号的方法，让吉林云天化的产品在这混乱的销售环境中脱颖而出，让消费者又快又准地发现我们，感受我们，爱上我们。

● 开发第一步：品牌命名

创建品牌要先洞察消费者需求，找到一个强有力的核心价值，形成购买理由。而这一切要从有一个好的品牌命名开始。

品牌的本质是一个名字，投资品牌首先是投资你这个名字。因此，降低品牌投资的成本是关键。

在搜索企业的品牌资产时，我们发现云天化在销售的化肥品牌不下8种，而当时主要销售的品牌有：云升、六颗星、英德利、东北王、老队长。你可以发现，这几个品牌名字都是十分优秀的品牌命名。而我们则需要在这些都十分优秀的品牌名字中挑选一个，承担起整个企业的发展任务。

真正困难的不是在好与坏中选择，而是在鱼与熊掌之间的博弈和选择。

哪一个名字真正"超级"？哪一个名字能够在最短时间让消费者记住？哪一个名字能够传达、体现我们的价值？哪一个名字能够在第一时间引起消费者的兴趣？

如果此时你是抉择的人，你会如何选择？

▷ 云天化主要化肥品牌

▷ 六颗星旧LOGO

在最后的决策中，我们从吉林云天化的注册商标清单中，发现了"六颗星"这个商标，决定重新投资这个品牌。

有人说，六颗星这个名字土啊！

不土，这个名字一点也不土。恰恰相反，这个名字很洋，是真正国际化的品牌，因为中国人懂，英国人、德国人、意大利人、泰国人、马达加斯加人、古巴人、冰岛人都懂。六颗星嘛，比五星红旗多一个星星，所有中国人都知道。而已经画出来的星星又是全世界人都认识的超级符号。

一个最短时间表达品牌内容的命名：六颗星。一秒钟三个字，普通人都能记住——记忆成本低。

我们在这一秒钟传达了两个价值：一个能被描述的、有画面的命名；一个包含国际化、权威性价值的命名。

● **开发第二步：品牌定位**

仅仅有了品牌命名，这还不够。我们还需要确认化肥品牌最本质的核心价值是什么，也就是农民在购买化肥的时候关心什么。

这时候需要做的就是，抓住本质，依靠常识！

常识从哪里来？华与华方法说：一切创意在现场。

我们在东北走市场的时候，发现东北农民购肥时有个习惯。他们偏好于高含量的复合肥。为什么呢？因为农民播种时喜欢一次性施肥。东北的作物一年只种一季，施好肥就可以外出务工。所以，化肥养分持久是农民选择化肥的关键。

于是，我们将六颗星定位为"长效肥"。

长效肥，包含了肥效持续时间长、免追、缓释的含义；长效肥，直观明了，不用解释。

我们依靠常识做出了品牌定位：六颗星长效肥。并通过品牌的命名与对品牌价值的提炼，向消费者发出了最热烈、最直接的购买邀请。

同时，长效肥是一个承诺。我们占住"长效肥"这个价值，建立了"六颗星长效肥"的新产品品类。

● 开发第三步：超级符号，过目不忘

超级符号就是消费者一看就记住，一看就喜欢，并且知道你传达什么价值，还会为你行动的符号。超级符号的本质在于，它能极大地降低品牌识别、记忆和传播的成本。每个企业，每个品牌，都需要这样一个超级符号。

而我们六颗星的超级符号，要让消费者在杂乱的化肥售卖环境中能一眼见到我们的品牌，并且能够一下子建立起品牌偏好，喜欢我们，记住我们，完成购买。这便是我们要解决的问题。

当我们开始设计超级符号时，我们发现，仅仅按照"六颗星"品牌的字面意思去设计六颗星并不可行。人眼的识别力有限，五颗以下的星星或许能一眼认出，可如果是六颗或超过六颗，人没办法一眼认出，可能要掰着手指头才能数清。

这时候，我们注意到了F1的交通旗帜。在极速F1赛场上，赛车手以350km/h的速度通过时，这面格子旗依旧能够指引选手。

因为交通符号具有以下特点：极其醒目！易于记忆！特别容易识别！

于是我们决定占用这个格子。六颗星的"花边战略"由此应运而出。

花边战略是华与华超级符号的核心方法之一。就像我们都知道Burberry的格子，无论走到全球的哪个地方，只要你看到格子，那就是Burberry。从LOGO、海报到店面、产品、传播上，Burberry处处都有格子花边。对于国际品牌来说，一个个

性鲜明、记忆深刻的符号至关重要。因为只有符号的统一，才有品牌印象的统一；只有品牌印象的统一，才有品牌管理的统一。

花边战略：我们占领交通指示标志为己用，把六颗星品牌寄生在交通符号上，格子条纹植入星星符号，将交通符号的"原力"为我所用。

花边色彩：用色如用兵。在品牌符号颜色的考虑上，我们选用红黄两色。

红黄色是中国国旗的颜色。黄色是丰收的颜色，红色是喜庆的颜色，而红黄色又能形成强烈的视觉冲击力，解决了品牌"惊鸿一瞥"的问题。

什么叫惊鸿一瞥？就是鸟从草丛中惊飞起来，一闪而过，你眼角余光扫到一眼，也能被这惊心动魄的美所震撼！

最终，这个六颗星红黄花边，成为了六颗星长效肥形影不离的符号。

我们将六颗星的花边放到我们的包装上面。在终端环境中，无论化肥垒叠排放还是一排展开，侧边醒目的花边都能帮助农民轻易地识别、喜欢上它，形成最后的消费决策。

这是在终端销售环境的一个生死点：被看见，被理解！

六颗星花边源于符号，最终又成为品牌的符号。它携带着单纯而强大的意义，在冲击人们的眼球的同时，强化了自己的价值。

符号的意义在于降低品牌被发现和被记住的成本。因此要追求"惊鸿一瞥"的效果，让消费者在惊鸿一瞥间，能立马认出你的品牌。

在具体方法上，我们使用符号，绝不只是把品牌标志打得大大的，而要形成独特的风格和符号效果。

● **开发第四步：超级口号，用一句话说动消费者购买**

解决了被发现的问题，我们还要找到能让消费者口口相传的口号。

广告语不只是一句我"说"出来的话，而是要设计一句话，让消费者"传"给他的亲朋好友。

超级口号如何产生？一般来说，要么始于俗语，要么进化成俗语。

品牌超级口号的心理学就是，突破心理防线。没有了心理防线，我们的产品就更能被人接受和信赖。华与华方法中称之为"俗话不设防"。

"六颗星牌长效肥，轰它一炮管半年。"这句话来自东北的习语，属于日常语言，并且符合生活习惯。它寄生到了农民的日常语言中，并且诙谐幽默，让听到的人会心一笑。

有了超级口号后，我们还要让品牌腾飞。于是，我们还为它创作了超级听觉符号。我们找到了一首东北二人转《小拜年》，对其进行改编："六颗星牌长效肥呀，轰它一炮管半年哪！"

今天你到长春的刘老根大舞台会发现，二人转演员们还不时唱这广告歌逗大家乐。这广告歌已经引爆流行了。

超级话语只用陈述句和行动句。并且，我们总是使用套话、顺口溜，因为口语、套话离人类的心智模式最近，这是传播最深刻的本质。

我们依赖常识，从购买现场出发，以红黄星条花边作为六颗星在终端的强势视觉符号，定位了长效肥这个新品类；设计了"六颗星牌长效肥，轰它一炮管半年"话语，不断向消费者提醒六颗星品牌的消费价值，鼓动购买，最终实现了六颗星品牌的畅销，成为东北三省数一数二的明星农资品牌。

华与华通过"产品的本质就是购买理由"的产品开发认识论，为六颗星品牌不断打造超级畅销化肥产品，每一款产品都是一个购买理由。这样，才能让更多的农民"归附"六颗星，在渠道建立强势地位。

接下来，我们用一个完整的产品开发报告，梳理一下这个了不起的案例。

六颗星三段控释肥完整产品开发案例报告

● 一个发现：控释肥崭露头角

华与华方法：产品的本质就是购买理由，开发产品就是创意购买理由。

2013年，我们在调研市场的时侯发现，控释肥[1]已经慢慢在农民中普及开来。各个厂家都在做，加上教育已经普及，农民都知道缓控释的技术概念。并且，2013年吉林云天化第一次做控释肥的时候，它的销量就在没有电视广告支持的情况下，直逼当时的拳头产品，成绩很好。

所以，我们决定对控释肥进行产品的再开发。

包装	产品规格	产品力	产品认识	竞争状态	市场前景
	26-12-14 控释肥	双膜双控（包膜控释技术）	品类认识度很高，但与其他控释肥区别不大	各家都有控释肥品类，竞争激烈	东北主流品种，种肥同播一炮轰

---

1 缓释肥料的高级形式，主要通过包膜来控制养分的释放，达到安全、长效、高效等目的。

● **找到核心价值和购买理由**

当时控释肥市场竞争激烈，并且市面上的缓控释肥卖点都是以诉说包膜为主，包括我们六颗星的控释肥也在讲双膜双控，没有差异化。

化肥品牌太多，也不乏知名品牌，消费者又有什么理由选择六颗星的控释肥呢？我们必须提出更具影响力的购买理由来，开发这个产品才会有意义。

发现价值：控释肥技术——分阶段释放养分，与生长周期同步

价值哪里找？从消费者的口中找。

产品的价值不是由我们去创造的，而是由我们去发现的。我们要从生活中找到产品最闪光的部分，把这个闪光的宝贝筛选出来，重新打磨、抛光，它就会自己蓬勃生长、大放异彩！

在进行大量资料的搜寻以及与农民、经销商的访谈时，我们发现，控释技术真正的价值并不是在它的包膜上。你去对农民反复说包膜的先进，并不能直接传达出其中的价值，而控释肥真正的价值在于，它能根据作物不同时期的养分需求，分阶段释放养分。只有完美配合作物的需要，才能保证作物的增产，这才是农民会为之买单的购买理由。

"这是双包膜的。我们听经销商说，玉米整个的生育期，到一个生育期化一下，再隔一段时间又到一个生育期，再化一下，整个的化肥从种上到后来一点点地化，化到最后拉倒。我们听经销商这么说的，咱们就听他的。"

——农民调研原话

"控释肥就是要根据作物生长的阶段，按照不同的生长阶段分解吸收。"

——经销商调研原话

确定价值：三段控释科技

最后我们根据玉米生长周期的用肥需求，确立了六颗星控释肥的产品科学——

三段控释科技。

一段：苗期根系壮；二段：穗期棒子大；三段：灌浆籽粒满。

1段苗期（1~30天） 需氮量5%	释放速效氮，提苗快， 满足苗期快速生长的需要。
2段穗期（30~60天） 需氮量82%	释放高效氮和锌、钠等微量元素， 保证充足的营养需求，增强抗病性。
3段灌浆期（60~130天） 需氮量13%	释放长效氮，后劲足，免追肥， 茎秆强健抗倒伏，籽粒饱满产量高。

● **包装设计：让产品自己会说话**

应用超级符号就能让消费者不假思索地选择。这样，也就将产品包装打造为我们最大的销售员、最大的销售团队、最大的广告媒体。

● **电视广告：让产品寄生到消费者的生活当中**

我们将六颗星三段控释肥寄生于农民的日常购肥场景中，将品牌寄生于人类文化和消费者生活中。这样，当消费者进入该生活场景时，脑海中就自动浮现出我们的品牌。

电视广告不是"讲故事"，是"耍把戏"，是"产品演出"。电视广告是品牌的一场秀，通过变戏法的创意，让产品成为英雄。

最终，六颗星三段控释肥以强有力的购买理由进入市场，在短时间内形成大规模的购买，实现了六颗星品牌产品的畅销。

六颗星三段控释肥篇TVC文案 30秒

女：六颗星长效肥

男：最新推出 三段控释 新科技

女：1 2 3 三段控释

男：1段 苗期根系壮

女：2段 穗期棒子大

男：3段 灌浆籽粒满

女唱：六颗星牌长效肥

男唱：轰它一炮管半年

女：大哥，也给我整三段呗

男：中

女：要六颗星的

男：六颗星三段控释肥

六颗星品牌全面媒体化

在品牌战略上，另外一个核心动作就是启动六颗星花边战略来统一所有的传播管理。我们将产品、渠道、终端全面媒体化，让六颗星品牌实现了"低成本，高效率"传播。

我们这里说的自媒体，不仅仅是微博、微信等互联网意义上的自媒体，还有"企业自身"。就像人一样，自己就是自己最大的媒体，一言一行都是传播。

而全面媒体化，就是用媒体思维去设计企业和消费者及销售者接触的所有环节。

● 产品全面媒体化——创造陈列优势

产品本身就是企业自己的媒体，产品包装则是品牌最大的媒体，因为产品的到达率远远超过媒体广告的到达率。

对于六颗星品牌来说，一切从包装开始。我们将产品包装打造为我们最大的销售员，最大的销售团队，最大的广告媒体，让包装撒豆成兵。

我们将六颗星的花边放到我们包装的上下两边，这样在终端环境中，无论化肥垒叠、排放还是一排展开，无论从哪个角度，侧边醒目的花边都能帮助农民更容易地看到我们。

我们用包装设计创造了陈列优势。

● 渠道全面媒体化——实现"低成本、高效率"传播

品牌价值和营销网络是企业最核心的两大财富。为了将六颗星的营销网络转换为吉林云天化最强大的战略优势和营销资源，我们开行业风气之先，统一所有门店形象。该工程的完善，彻底将竞争对手边缘化。

对六颗星来说，这是形象的阵地，产品的阵地，推广的阵地；对店家来说，则是品牌的支持，畅销产品的支持，推广活动的支持，经营思想的支持。

现在，你走到东北的大小乡村，都可以在街头看到醒目的"六颗星"店招。吉林云天化在东北迅速发展了274家"六颗星农资店"，这些门店已经成为并正在壮大为六颗星强大的营销资源。

▷ 六颗星全面媒体化

① 命名就是召唤，不假思索做出选择

六颗星
三段控释
"三段"传递控释肥的新标准

② 超级符号，最大限度提高传播效率

寻找"三段"的超级符号
用高科技的符号表现形式
价值一目了然

③ 提升主打卖点，ICON越多越好卖

围绕"三段"概念
树立控释新科技、新标准

新一代
控释科技

给出承诺"三段控释、全年保障"
看到就心动

三段控释 全年保障

④ 背面当正面，包装全面媒体化

我们把背面当作正面做陈列
就是增加了一面广告位
传播效率提高一倍

在背面也讲"三段控释"科技
把"三段"的产品科学功夫做足

● 强势媒体全面媒体化

六颗星赞助吉林乡村频道《二人转总动员》，将六颗星符号强势植入，通过连续多年的持续宣传，极大地提升了六颗星的品牌力，让六颗星符号深入人心，培养了数量惊人的客户群体。

六颗星超级符号为吉林云天化奠定了决定性的竞争优势，又通过全面媒体化，每天都在增值自身的品牌资产。

总结与启示

1. 我们对六颗星品牌化肥的开发完全从洞察消费者的需求出发，以"占据类别，成为价值提供商"为产品立项原则，以"六颗星牌长效肥"为定位，在品牌价值上实现了全方位的领先。

2. 六颗星品牌从终端环境出发，打造低识别成本和低传播成本的超级符号、超级话语；以"产品设计就是货架陈列设计"为原则包装产品，实现了六颗星化肥从畅销走向长销，成为经久不衰的明星品牌。

3. 六颗星品牌不断打造超级畅销化肥产品，让更多的农民"归附"六颗星，在渠道建立强势地位。从畅销产品到畅销品牌，从产品营销到品牌营销，从渠道到消费者……我们最终为六颗星建立起了强大的品牌体系和话语体系。

4. 我们将六颗星产品、渠道、终端全面媒体化，让六颗星品牌实现了"低成本，高效率"传播，打造了农业强势品牌。

"六颗星牌长效肥，轰它一炮管半年。"在未来，六颗星也将持续坚持"长效肥"战略，为中国农民提供优质、高效的，让农业得以永续发展的化肥和农资产品，成为中国化肥行业遥遥领先的领导品牌。

▷ 2017年，六颗星项目获得华与华第三届100万元创意大奖

汉庭酒店

颜 艳／夏鸣阳

"爱干净 住汉庭"
汉庭酒店"第二次蓝海"战略纪实

　　2016年11月21日，华住酒店集团CEO张敏在"汉庭爱干净"的动员誓师大会上，发布了"爱干净，住汉庭"的品牌战略。张敏说："我们要做'干净'这件事，并不是因为它容易，而是因为它很困难。当有一天我们将这件困难的事情做成的时候，就已经将别人甩开了相当的距离。"

　　2017年，汉庭酒店全年RevPAR[1]增长了8%，平均每间房溢价22元，遥遥领先于经济型酒店行业的其他品牌。开业18个月以上的成熟直营店和加盟店营收均大幅度提升，成为全行业增长的奇迹。汉庭母公司华住集团的股价更是在两年内大涨500%，市值突破100亿美元，成为全球资本市场的宠儿。

---

1 平均每间可供出租客房收入，是衡量酒店经营水平的重要指标。

"干净"战略可谓开创了汉庭的"第二次蓝海"。

汉庭为何要去做"干净"这件事？遇到了哪些挑战？又是如何做到的？这篇文章，将为您详细讲述汉庭酒店"第二次蓝海"战略纪实。

汉庭的诞生——中国企业界"蓝海战略"的标杆案例

要讲汉庭的第二次蓝海战略，首先要了解汉庭的第一次蓝海战略。汉庭酒店的诞生，本身就是中国企业界"蓝海战略"的一个标杆案例，是"蓝海战略"在中国商业史上最成功的实践之一。

蓝海战略[1]是由欧洲工商管理学院的W. 钱·金教授和勒妮·莫博涅教授提出的。其核心在于通过"剔除，减少，增加，创造"的四步动作，创造全新的价值曲线，开创无人抢夺的蓝海市场，走出红海竞争。

蓝海战略四步动作：

剔除：哪些被产业认为理所当然的元素需要剔除？

减少：哪些元素的含量应该减少到产业标准以下？

增加：哪些元素的含量应该增加到产业标准以上？

创造：哪些产业从未有过的元素需要创造？

汉庭酒店的创始人季琦先生在2005年用蓝海战略的方法创办了汉庭酒店，在中国开创了经济型酒店的蓝海。季琦先生洞察到，当时中国的酒店行业只有两类产品。一类是高星级酒店，价格昂贵，普通人难以承受；另一类是招待所，虽然价格便宜，但住宿条件十分落后。于是，在产品设计上，汉庭剔除了传统星级酒店的豪华大堂、大型会议室、娱乐、餐厅等不必要设施，选择把客房作为唯一的产品，减少房间的面积，增强"洗好澡，睡好觉，上好网"的体验。然后把价格降低，只要200元就能住一晚。这就开创了一个新蓝海，让汉庭迅速在中国酒店市场崛起。

1《蓝海战略2：蓝海转型》已由读客文化引进出品。

汉庭酒店蓝海战略创新价值曲线

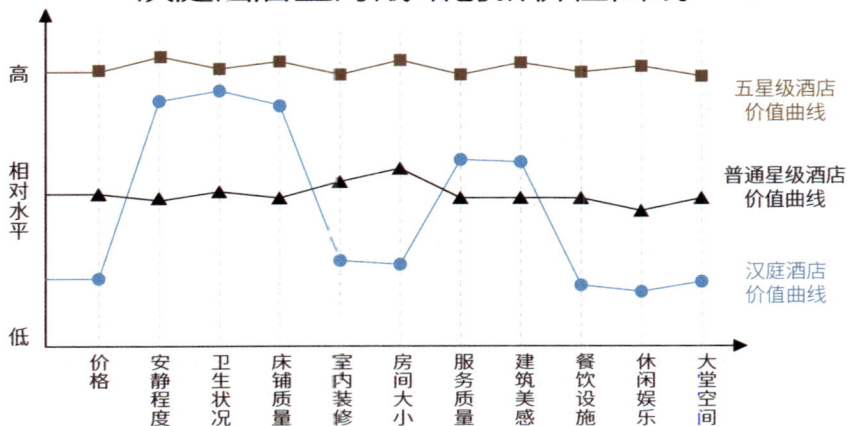

五星级酒店价值曲线

普通星级酒店价值曲线

汉庭酒店价值曲线

(纵轴)高　相对水平　低

(横轴)价格　安静程度　卫生状况　床铺质量　室内装修　房间大小　服务质量　建筑美感　餐饮设施　休闲娱乐　大堂空间

但是，蓝海是动态的，不是静止的，更不是一劳永逸的，它需要不断地开拓。蓝海创新者在开创一片"创造性垄断"的市场空间后，通常可以较长时间保有蓝海市场，但其巨大的利润和增长效益自然会引来大量模仿者，利润就会开始往下走。

汉庭开创了经济型酒店蓝海，各大经济型酒店品牌也如雨后春笋般出现。到2015年底，汉庭酒店的数量就已经达到了2000多家，全国经济型酒店的总量已经接近2万家，此时的经济型酒店已经成为一片红海。汉庭正面临行业不景气、RevPAR连续4年下滑、产品老化、入住率下降、价格竞争激烈等问题。

《蓝海战略》作者W.钱·金教授说过：没有永远卓越的企业，也没有永远具有吸引力的产业，企业创造和保持辉煌的关键是适时地采取蓝海行动，及时开创和更新蓝海。

这时候，汉庭一方面进行产品的硬件升级，一方面找到了华与华，提出了品牌战略重塑的需求，要将汉庭打造成一家人人都喜欢住的"国民酒店"。

2010—2014年经济型酒店RevPar变化趋势

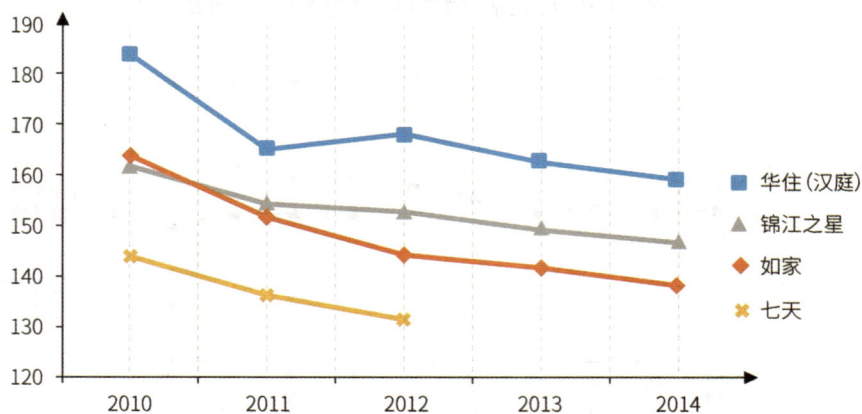

图例：
- 华住（汉庭）
- 锦江之星
- 如家
- 七天

▷ 数据来源：《酒店行业报告：星级酒店、经济型酒店发展趋势》

汉庭酒店"第二次蓝海"创新价值曲线

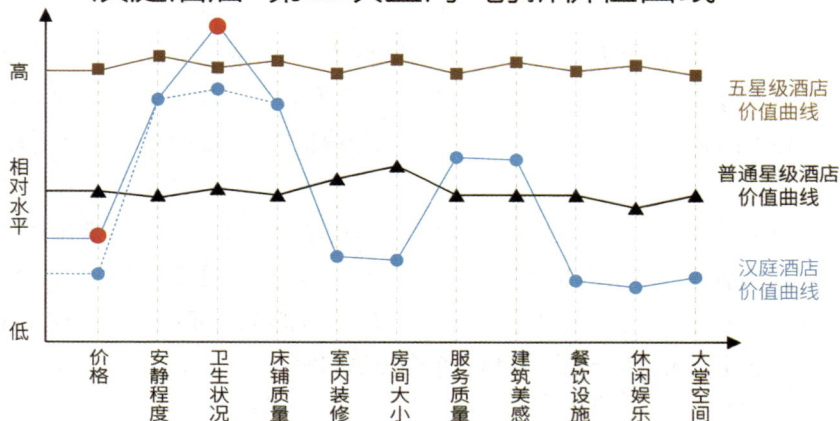

纵轴：相对水平（高 / 低）

横轴：价格、安静程度、卫生状况、床铺质量、室内装修、房间大小、服务质量、建筑美感、餐饮设施、休闲娱乐、大堂空间

图例：
- 五星级酒店价值曲线
- 普通星级酒店价值曲线
- 汉庭酒店价值曲线

▷ 2005年汉庭酒店客房与大堂

蓝海战略就是《孙子兵法》的虚实篇

华与华做每一个项目，首先会看这个企业的基因是什么。如果企业有这个基因，就会势如破竹；如果没有这基因，就不一定能成功。

汉庭是用"蓝海战略"的方法开创了经济型酒店这个行业。因此，汉庭最大的基因，就是坚持"蓝海战略"。华杉在项目启动时说："汉庭是我们一直学习的蓝海战略教科书式的案例。我们要用'第二次蓝海'向汉庭致敬，向季总致敬。"

蓝海战略的方法强调，当你选择在一些地方加强、做实，就必须在另一些地方减弱、做虚，实际上就是《孙子兵法》的虚实篇。蓝海战略就是一个"虚实战略"。

为什么不能把每个地方都做实呢？因为如果把每个地方都做实，就要把所有配套和服务都做好，成本就会极高，价格也会极高，价格的竞争力就"虚"了。这就是《孙子兵法·虚实篇》说的"备前则后寡，备后则前寡；备左则右寡，备右则左寡，无所不备，则无所不寡"。

在《华杉讲透孙子兵法》这本书里，华杉强调，学习《虚实篇》最重要的，就是不要自以为什么时候都可以"以实击虚"。不要总以为自己是"实"，别人是"虚"，而是要认识到我们每个人都有实有虚。我们需要选择在什么地方做实，在什么地方做虚，因为资源是有限的。战略不是选择做什么，而是选择不做什么。

作为一家国民酒店，汉庭服务的对象是最广大的普通消费者。它的蓝海战略，就是要把消费者对酒店最基本的需求做到极致。

那么在新的时期，汉庭第二次蓝海战略要加强的是什么呢？

汉庭的第二次蓝海战略

项目组初步预判，可以从"干净""睡眠"和"安静"三个方面入手，但哪个才是最需要加强的呢？带着这个问题，项目组走访了全国各大城市的经济型酒店，进行了消费者座谈。项目组发现，相比于酒店的硬件设施和服务水平来说，酒店的"干净卫生"是消费者入住经济型酒店最大的痛点。

消费者通常花两三百块住一晚经济型酒店，普遍的要求是"干净就好"。但他们对酒店的干净、卫生存有很大疑虑：不知道酒店的毛巾和床单是否有清洗、更换，马桶和水杯是否有消过毒。

有消费者说，房间如果不干净，就算装潢再好又怎么样呢？就算是五星级酒店，要是不干净，卫生做得不好，我照样不会住。

还有消费者说，毛巾毕竟是循环使用，而不是一次性的。杯子也是每个住进来的人都用过的，我不知道它有没有被消毒过。马桶盖，你看上面干净，但你看得到上面有什么细菌吗？

甚至还有消费者说，我出门都是自带毛巾和床单的，酒店的我可不敢用。

通过调研，我们发现消费者选择酒店时，在地段、价格和品牌差不多的情况下，"酒店是否干净"就成了区分酒店好坏最重要的因素。消费者甚至普遍愿意为"干净"多花30块钱。

"干净"本应该是酒店行业最基本的要求，怎么反而成为"消费痛点"了？从近了说，这是一个消费痛点；从长远看，这是一个社会问题。

一方面，这是酒店自身管理的问题。近年来屡屡爆出酒店"清洁门"事件，清洁员打扫不规范，毛巾、浴巾被用来擦马桶，这些现象不仅存在于经济型酒店，连五星级酒店也未能幸免。另一方面，因为缺乏行业监管，部分酒店合作的洗涤工厂使用劣质的工业洗涤剂，相当于让客人直接睡在洗衣粉上。

在消费升级的今天，酒店行业最基本的"干净"反而缺失了。目前，市场上的经济型酒店品牌也没有在"干净"上建立普遍的认知。他们宁愿让客人入住酒店时自带全套装备，却没有将"干净"作为一个社会问题来解决。

汉庭有能力解决"干净"这个社会问题吗？带着这个问题，项目组对汉庭的门店、供应商和高层都进行了访谈。

首先在门店，项目组观看了清洁阿姨的清扫流程，发现每一辆清洁车上，都有一个手提式的消毒柜。清洁阿姨说，汉庭要求每次清洁房间时，把水杯清洗后放在消毒柜里10分钟，确保每一个水杯都经过紫外线、臭氧和高温消毒。这种手提式的消毒柜是汉庭在行业的首创，其他酒店见不到。

清洁阿姨告诉项目组，她们用的清洁剂和消毒剂，全是从美国进口的，价格是国产的2倍，五星级酒店都舍不得用，汉庭用上了。清洁抹布必须分颜色专用，清洁不同的地方用不同颜色的抹布，绝对不能混用。

项目组又走访了汉庭的洗涤供应商，发现他们采用的是一种"洗涤龙"全自动技术，毛巾和床单在洗涤后都要经过高温熨烫消毒，还要中和酸碱度和pH值，成本比普通洗涤要高出15%。而且汉庭已经在上海和北京入股了两家行业领先的洗涤供应商，希望通过扶持这类新型的洗涤公司，带动全国洗涤行业的成长。

在高层访谈时，项目组发现汉庭已经在内部提出了"绝对干净"的质量口号，要求每个月将5%的质量不达标的酒店或房间下线停售。

汉庭在"干净"上的这一系列超配投入和能力基因，让项目组更坚信了之前的判断：汉庭的"第二次蓝海"，就是在干净上继续加强，通过压倒性的资源投入，把干净做到极致，做到比五星级酒店还要干净，形成新的蓝海。

有人问，汉庭把干净加强了，在哪个地方减弱呢？答案是在其他任何地方都不用减弱，只是把价格提高一点，让价格的竞争力"弱"一点。这实际上是通过做"干净"，来实现更高的蓝海溢价。

因为红海竞争的本质，就是不断降低价格的恶性竞争，而经营的最高境界却是"货真价实"，把产品做好，把价钱要上来。就像西贝莜面村创始人贾国龙说的："你只管把产品做好，钱不够，找客户要！"

所以2016年，我们就定下了一个目标：汉庭酒店把干净做到极致，找顾客多要30块钱。

超级口号——口号就是战略，口号就是口碑，口号就是行动

蓝海战略强调，一个好的战略要有一句清晰而令人信服的口号。一句好的口号不仅要传达清晰的信息，还要切合实际地宣传产品，否则顾客就会失去信任和兴趣。检验一个战略是否有效的办法，就是看它是否有一句真实有力的口号。

华与华为汉庭第二次蓝海战略设计的超级口号，就是"爱干净，住汉庭"。

这句超级口号怎么来的？华与华有个方法，叫作"创作口号就是做填空题"。

首先，这句口号里面必须有"汉庭"的品牌名，不然往往口号传播出去了，品牌名却没让人记住，所以先把"汉庭"两个字写上去。

第二，根据传播的基本原理——"刺激-反射原理"，我们需要让消费者有一个行动反射。什么行动呢？住汉庭啊！于是"汉庭"前面再写上一个"住"字。

第三，为什么住汉庭呢？我们的购买理由是什么呢？这个在之前的战略中就已经确定了——干净。"净"和"庭"还正好押韵。

那么大家再一起想，是"更干净，住汉庭""超干净，住汉庭"，还是"住汉庭，真干净"？

最后，创意确定为"爱干净，住汉庭"！

没有人不爱干净，一个"爱"就一下子突破了所有人的心理防线。而且这句口号的传播成本是最低的，因为它能在人们的口耳之间流传开来，传播效率是呈几何级递增的。

很多人都说，口号只是一个推广的创意，每隔一段时间就要更新一次。但在华与华方法里面，口号就是战略，口号就是口碑，口号就是行动。这句口号写得对不对，对你的企业至关重要。

首先，口号就是战略，口号就是投资。

"爱干净，住汉庭"是直指汉庭蓝海战略根底的一句话，是牵一发而动全身的。它要求汉庭将人力、物力、财力等所有资源匹配集中，压倒性地投入在"干净"上。

第二，口号就是口碑，口号就是资产。

广告语不是我说一句话给消费者听，而是我设计一句话让消费者去传给别人听。这就是口碑。口碑的关键在于"碑文"，"碑文"是跟着"碑"立在那儿的，是原封不动的，不会传错的一句话。"爱干净，住汉庭"就像是一句话插上了翅膀，它不仅能一传十，十传百，百传千，千传万，传到千家万户，还能飞跃时间的跨度，为企业建立百年品牌。

第三，口号就是行动，口号就是价值观。

"爱干净，住汉庭"还是一个行动工程，是要说到做到的。当企业喊出这句话的时候，就是倒逼企业自身必须建立一套"干净"的行动计划，用行动来实现"干净"。而行动的贯彻，最终是靠人的素养和价值观来实现的。

很多人受到的广告教育，都是"先想好说什么，再去想怎么说"。但在华与华看来，如果说你已经定好了说什么，却还要再研究怎么说，就说明你根本没想清楚要说什么。很多广告公司会想把"爱干净，住汉庭"这句口号用各种方式来演绎，那样就会离传播的本意越来越远。这在华与华全是无效动作，是浪费时间，浪费金钱，甚至还会起到反作用。

爱干净 住汉庭

在华与华方法里，我们"说什么，就直接说"。你要说"干净"，那就说"干净"，不需要再做其他的创意。

所以当我们有了这句口号之后，我们唯一需要做的，就是把"爱干净，住汉庭"这六个字尽可能多地竖立在汉庭酒店的楼顶，让所有的受众，无论白天黑夜都能看见这白白亮亮的六个大字。这就已经足够了。

截至2017年底，汉庭已经在全国25个城市，300多家汉庭酒店楼顶竖起了这6个字，目前这一数字还在增加。当汉庭把这句话像招牌一样矗立在酒店楼顶上时，就是直接立下了丰碑，创造了能传100年的品牌资产。

当这句口号出现在汉庭楼顶，就是一个承诺的"超级大喇叭"，每天从早到晚都在向消费者大声喊："爱干净，住汉庭！"对消费者来说，这是一个巨大的承诺和召唤。同时，它又是一个监督员，你想不做"干净"都不行。就像一个人，头上戴了顶帽子，帽子上写了一句承诺，大家都盯着你，看你是不是能说到做到。

就像华住CEO张敏所说："当汉庭将'爱干净，住汉庭'的店招、顶招、侧招放在门头上，将承诺卡放在每一个房间的床头时，汉庭真的是很有勇气的。"

四大干净行动——贯彻汉庭第二次蓝海战略

汉庭打出这句口号之后，要做哪些行动来实现这句口号呢？华与华建议汉庭从管理层、清洁阿姨、加盟商和上游洗涤供应商四个层面，对"干净"进行压倒性的投入。

干净誓师行动：诞生全行业首个"首席清洁官"

汉庭在全国有2000多家门店，如何驱动各个城市的门店店长、员工们都行动起来？关键是从CEO开始，自上而下贯彻汉庭的干净事业。

2016年11月，汉庭举办了"爱干净"誓师大会，华住集团一众高层与来自全国汉庭的城市总经理、店长，以及一线的清洁师们共同誓师。各大区未能到场的一线员工，都通过视频的方式献上了为汉庭干净事业的宣誓承诺。

此次大会诞生了行业首位首席清洁官 CCO（Chief Clean Officer）。

华住集团CEO张敏亲自授予汉庭 CEO 徐皓淳委任状，由其担任汉庭"首席清洁官CCO"一职，自上而下地贯彻汉庭的"干净"事业。首席清洁官巡店的时候，发现有不干净的地方，如果只是说："这个谁负责的，怎么这么脏！"那么走了之后，依然还是脏。但是，如果他巡店的时候随身带一块抹布，看到有不干净的地方，自己上去擦掉，这样就能对一线清洁师起到示范作用，大家自然就都做到"干净"了。

在华住CEO张敏的带领下，汉庭人许下庄严的承诺："净心净力，净在汉庭，爱干净，住汉庭！"表达了汉庭人将干净进行到底的决心。

▷ 各大区城市总经理争相合影

▷ 会议现场掌声雷动

▷ 西北大区宣誓

▷ 东北大区宣誓

▷ 华北大区宣誓

▷ 汉庭CEO徐皓淳被授予"首席清洁官"委任状

▷ 华住CEO张敏领读誓言

清洁师行动：清洁阿姨是执行蓝海战略的关键

汉庭要贯彻蓝海战略，在其中扮演最重要的角色的，就是上万名清洁阿姨。

在过去，清洁阿姨们是最不被重视的一群人。她们收入微薄，工作时间长，非常劳累，没有得到应有的重视和尊重，也看不到职业发展的前景。一旦发生了清洁事件，她们却又被推向风口浪尖，承受舆论的压力。

汉庭要实施干净战略，清洁阿姨就要由"后卫变前锋"，成为主角。华与华提出六大创意，彻底实现清洁阿姨职业生涯和地位尊严的转变。

（1）行业首创"清洁师"命名——提升清洁阿姨地位

华与华提出，首先要改变她们的命名，不能叫"清洁员"，也不能叫"清洁阿姨"或"客房大姐"。华与华建议命名为"清洁师"，用新的命名，全面提升她们的职业尊严和地位。

在华与华的建议下，汉庭还为清洁师量身打造了全新制服——蓝色裙装，让清洁师实现由内到外的蜕变。

（2）行业首创清洁师代言人——提升清洁阿姨荣誉感、自豪感

华与华建议汉庭邀请自家的清洁师担任品牌形象代言人，拍摄汉庭全新的平面广告、电视广告及纪录片，在店内进行播放。全国2000家汉庭干净的背后，是上万名清洁师用心的付出。这极大提升了清洁师们的荣誉感，自豪感。

（3）行业率先提升清洁师待遇——打扫房间少了，到手的钱更多了

华与华建议，在汉庭门店所有岗位中，首先要给清洁师加薪。

因为干净战略的实施，清洁标准变得更严格。原本清洁师一天能清扫25间房，而在新的清洁标准下，一天的时间只能清扫20间房，那不就少了5间房的收益吗？

华与华的建议是，给清洁师加薪，同时取消计件工资，让每个清洁师就负责她的20间房，打扫到极致干净。不仅如此，我们还希望汉庭像海底捞的"双手改变命运"一样，能形成"清扫改变命运"的文化。让清洁师有充分的上升通道，可以进入公司高层。

但由于企业管理的实际情况，目前还没有做到这一步。在现阶段，汉庭提高了清洁师的基础工资和计件工资提成，加上干净达标的奖励，一个月的涨幅在500元左右，让清洁师打扫的房间变少，到手的钱更多了。

▷ 汉庭清洁师制服——蓝色裙装　　▷ 汉庭清洁师精神面貌由内到外改变

▷ 汉庭清洁师模特代言

▷《床单篇》：5道专业洗涤，165℃高温熨烫　　▷《水杯篇》：15分钟紫外线+臭氧消毒　　▷《马桶篇》：5大死角消毒除菌

▷ 华与华自掏腰包，邀请日本国宝级匠人新津春子莅临汉庭指导工作

▷ 春子老师现场分享清洁心得

▷ 春子老师示范如何得到一条"半干半湿"的抹布

▷ 春子老师演示如何用拖把更省力

▷ 春子老师示范如何拿抹布效率更高

▷ 春子老师示范如何使用胶带

▷ 春子老师和汉庭门店同事合影

▷ 《劳动报》报道汉庭清洁师打赏

（4）行业首次邀请"清洁之神"指导——培养清洁匠人精神

汉庭要做世界上最干净的酒店，就要向世界上最会做清洁的人学习。

2017年1月，华与华自掏腰包，通过我们的日本管理顾问，为汉庭邀请到日本的"清洁之神""世界第一干净"的羽田机场清洁师新津春子老师、日本空港techno株式会社代表田崎光先生，以及尚和管理咨询公司总经理胡光书老师，莅临汉庭门店指导清洁工作。

春子老师现场观摩了汉庭的清洁流程，并亲自示范对清洁工具和清洁方法的改善，为汉庭建立了新的干净标准。比如床背板上面的缝隙，如果用湿抹布擦，抹布碰在墙上就有一条黑线，如果用干抹布擦，灰尘会掉在床上。这种情况要用半干半湿的抹布才行。春子老师现场示范，用干抹布和湿抹布拧在一起，就能得到一条半干半湿的抹布。

春子老师强调，做"干净"并不一定要先去花钱投入，而可以先做一些我们自己能够改善的地方，做不花钱的改善。比如使用胶带粘毛发时，可以把胶带缠在手上。这样能最大面积使用胶带，而且手的动作很快，提高了效率。再比如拿抹布的方式：把手掌打开撑满，贴着抹布用，这样整个手全都能用上，面积就大，就能省时省力。

（5）行业首创清洁师等级晋升制度——拓宽清洁师职业空间

在日本，清洁工也是"职人"，做到顶级，同样是充满自豪，受社会尊敬，出类拔萃者还可能被日本政府指定为"国宝"。

华与华建议，为汉庭清洁师设立等级晋升机制：评选初级清洁师、中级清洁师、高级清洁师，甚至城市总清洁师，让清洁师的职业生涯有了更大的发展空间，每个人都有成为"新津春子"的机会。

截至2017年底，汉庭已经有5672人评上了中级清洁师，工资提升了20%；1694人评上了高级清洁师，工资提升了40%。

（6）行业首创清洁师打赏机制——增加清洁师成就感

为了给清洁师提供一个被认可和被鼓励的平台，华与华建议汉庭向海底捞等餐饮企业学习服务员的打赏机制，推出清洁师打赏功能。如果客人对卫生状况满意，可进行评价和打赏。现在，预订汉庭酒店所得的积分即可用来打赏，每次200积分。对卫生不满意的项目可以进行吐槽，直接促进清洁师日后工作的改进。

汉庭推行清洁师打赏功能后，短短10天的时间，就有一位清洁师获得了23次打赏。她不仅将房间打扫得很干净，还会提供一些额外的"干净服务"——看到客人的行李箱很脏，她会顺便擦干净；看到客人的一双脏袜子，她会悄悄洗干净，晾起来。

通过这种激励方式，我们极大地发挥了一线清洁师的创造性。清洁师们想方设法让客人满意，在获得奖励的同时，也获得了成就感。

通过华与华设计的这六大举措，汉庭为清洁师团队带来了彻底的转变：职业尊严提升，工资收入提高，职业晋升有了前景，每个人都充满荣誉感和成就感，发自内心地认可干净战略，认为干净就是自己的责任。

"净"字评级行动：让加盟商成为干净战略拥护者

如果没有加盟商的支持，华与华为汉庭设计的干净战略绝对不可能成功。如今，加盟商已经成为干净战略的绝对拥趸，因为他们也成为了干净战略的赢家。

上海一家只有86间客房的汉庭加盟店，在没有投入客房翻新改造的情况下，仅仅实施了干净工程，门店的RevPAR就上涨了14元，客房收入一年增长了43万元。这一方面是因为干净提升了顾客的满意度，回头客更多了；另一方面是因为汉庭推出的酒店"净"字评级，让这家门店获得了更多的客源，预订客源的比例从40%上升到了50%。

华与华为汉庭设计了"净"字标。汉庭对干净达标的门店会在官网和APP上以"净"字标显示，"净"字标越多，"干净指数"越高，排名就越靠前，越能让消费者优先看到。汉庭告诉消费者，选酒店有了一个新标准——认准"净"字。

　　截至2017年底，汉庭有1343家门店获得了"净"字标，代表"干净达标"——确保严格遵守清洁流程。其中，1100家获得2个"净"字标，代表"干净优秀"——确保枕芯、被芯、床护垫这些看不见的地方也没有污渍；233家获得3个"净"字标，代表"干净超赞"——不仅房间没有一根头发，没有一丁点灰尘，甚至公共区域也保持干净。

▷ 汉庭"净"字标

▷ 选酒店——认准"净"字

▷ 华住官网酒店预订净字标志：选酒店认准净字

▷ 汉庭入口白马广告

▷ 汉庭楼体白马广告

▷ "爱干净，住汉庭"白马广告

▷ 入口白马处防撞条和干净承诺牌

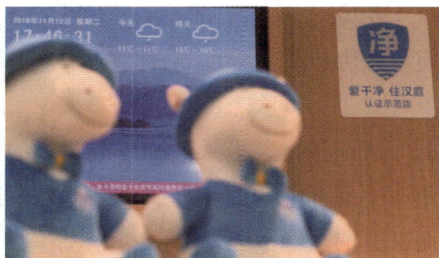

▷ 汉庭大堂白马雕塑　　　▷ 大堂干净承诺影像墙　　　▷ 前台小马公仔和"净"字认证

▷ 前台"净"字认证水晶杯　　　▷ 电视机"选酒店，认准净"推荐　　　▷ 汉庭客房阿姨干净承诺签名卡

▷ 走廊干净承诺

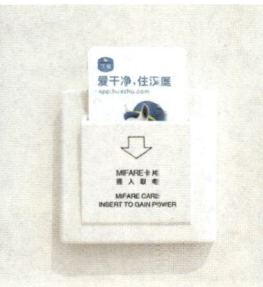

▷ 汉庭房卡　　　▷ 汉庭首创的15分钟便携式消毒柜

获得干净认证的酒店，汉庭会授予门店一套"净"字认证系统。从大门、形象墙、前台，到电梯、房间，从你接近汉庭的那一刻开始，就能感受到它的"干净"气质。

这些举措，极大激励了加盟商的积极性，使他们纷纷投入到干净战略中。而对于达不到标准的门店，汉庭则非常坚决地进行淘汰，绝对不让加盟商的个人行为影响汉庭的干净战略。

"洗涤龙"行动：投资上游洗涤行业，带动全行业品质升级

干净战略不仅要对人进行投入，还要对上游洗涤环节进行硬件投入。

床单毛巾干不干净，关键在洗涤供应商。华与华建议汉庭加大对上游洗涤供应商的投入，让更多供应商采用全自动的"洗涤龙"设备，从源头保障床单毛巾的洁净。汉庭要求加盟店也都采用高标准的洗涤龙供应商，并给予优惠补贴政策，让越来越多的门店采用洗涤龙设备。

如今汉庭的洗涤供应商已经计划去汉庭较多的城市再开分部。通过这种方式，汉庭可以带动上游洗涤行业的发展和酒店洗涤品质的提升。

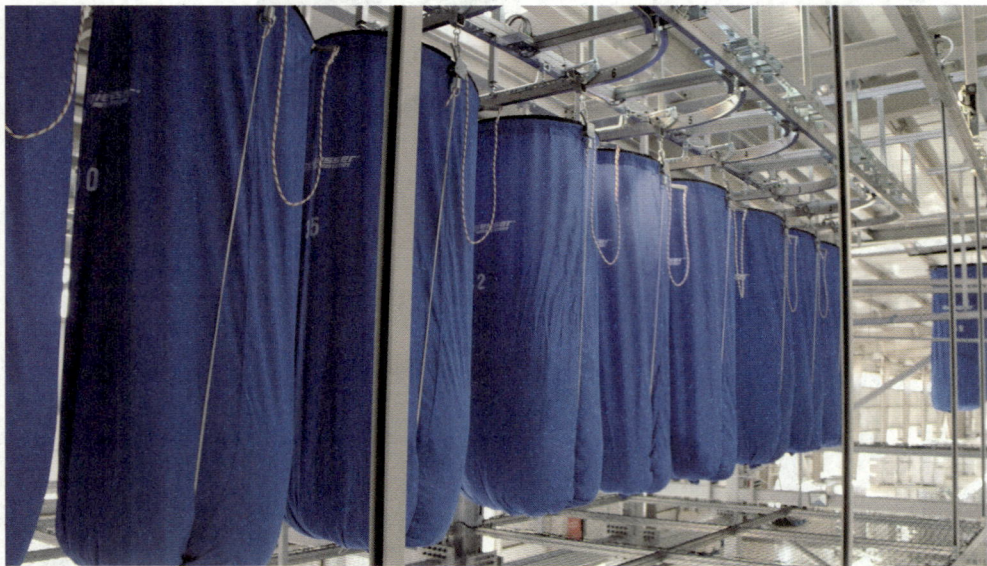

▷ 汉庭北京合作洗涤龙工厂全自动洗涤

"干净"成为企业文化，重塑人的素养

通过一年的干净行动，汉庭不仅赢得了顾客的信任，还带动了整个经济型酒店行业对干净的关注和提升，为行业带来了改变。随着"爱干净，住汉庭"的推进，"干净"也上升为华住酒店集团全公司的文化。

2017年9月，华住集团确立了每月24日为"清洁日"，致力于让华住成为中国酒店业第一个消灭清洁事故的集团。华住CEO张敏亲自担任清洁师，演绎清洁标准流程，在清洁日上让管理层、店长和清洁师共同学习。

每个清洁日，汉庭CEO&首席清洁官徐皓淳都会突击选择一家门店，铺床单、消毒水杯、擦马桶，亲自进行清洁示范。

每到一个门店，徐皓淳总会关心地问清洁师们：在"爱干净"的落实过程中，大姐们有没有什么困难？下班是不是比以前都晚了？打扫一个房间是不是比以前更久了？工资待遇还满意吗？

2017年初，华住CEO张敏说："当时项目组提出'爱干净，住汉庭'的时候，曾经遭遇过两类反对。一是，汉庭就做个'干净'吗？太low了吧！二是，干净太难了，每天、每个房间都要做到，太费力费钱了。我们选择把汉庭做得更干净，实在有点吃力不讨好。但是，客户怎么说呢？很多客户说，我选择酒店，'干净'是最重要的标准之一，所以，汉庭义无反顾地迈出了这一步。"

"干净"为什么困难？因为要做到干净，最终要靠"企业文化"和"人的素养"。

在汉庭的干净标准中，毛发清理是最难的一项，也是清洁师最头疼的。汉庭的店长告诉项目组："为了让清洁阿姨更加关注干净，我每天早上8点陪清洁阿姨一起用胶带粘毛发，现在虽然还是很麻烦，但是清洁阿姨还是很坚持，因为我在示范。"汉庭的清洁师说："刚开始很难，因为以前没这么做过，做了一段时间就习惯了。现在是看到毛发就不舒服，一定要清理掉。"

如果没有店长、清洁师的努力付出，每天一间房30分钟，55个步骤，一步一步按标准达成，就很难实现"爱干净，住汉庭"。

可以说，汉庭的"干净"是其他企业学不会也复制不来的，它已经成为一种汉庭每个人和企业内生的、汉庭独一无二的文化。

干净创造的"蓝海奇迹"

通过一年多干净战略的实施，在2017年底，我们也成功看到了干净战略结出的硕果。

RevPAR增长一骑绝尘，营收溢价7个亿

2017年12月，华住CEO张敏发布了经济型酒店第三季度RevPAR业绩数据的比较，汉庭成为经济型酒店行业当之无愧的第一品牌。

2017年全年，汉庭RevPAR平均增长8%，是最佳竞品的同店RevPAR增长的2倍。汉庭平均每间房溢价22元，全年客房入住率上升10%，达到93.5%。开业18个月以上的成熟直营店和加盟店总营收溢价均大幅度提升。

用汉庭CEO徐皓淳的话来说，"对于一个大规模的成熟酒店品牌，这是一个奇迹"。

不靠硬件翻新，也能带来营收增长

在以往，经济型酒店的营收增长，总是要靠硬件的翻新改造才能带来。而汉庭2017年全年营收的增长，更多是由没有进行硬件翻新的门店带来的，这些门店占汉庭门店总数的60%。这就让干净工程进入了一个良性循环：你只要投入做"干净"，就能得到增长的回报。

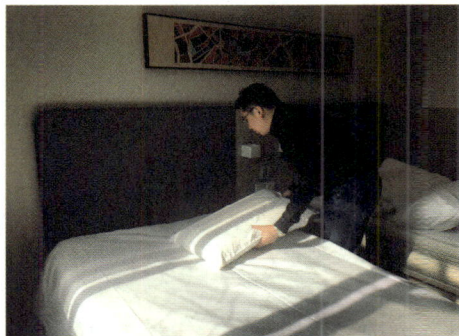

▷ 汉庭CEO&首席清洁官徐皓淳，亲自示范铺床　　　　▷ 汉庭CEO&首席清洁官徐皓淳，亲自示范消毒水杯，擦马桶

爱干净 住汉庭
一群平凡的人，创造不平凡的奇迹！

汉庭CEO徐皓淳说："干净带来的直接价值可能没有硬件翻新那么直接，但硬件会随着时间老化，而干净是可以持续积累的。这是一个巨大的品牌资产，它让消费者选汉庭有了一个明确的理由。"

股价两年上涨500%，全球资本市场热烈追捧

汉庭2011年在美国上市，直到2016年，股价一直在20多美元左右徘徊。而2016年到2017年底，汉庭母公司华住集团的股价从20多美元上涨到144美元，市值从19亿美元，突破100亿美元，成为全球股价增长最快的酒店集团，远超万豪、希尔顿等国际酒店集团的增长。

　　为什么华住的股价能两年大涨500%，受到资本市场如此追捧？用华住CEO张敏的话说："汉庭案例应该是改变了全球资本市场对经济型酒店的看法，让一个似乎已经没有什么资本市场想象力的行业，又掉头向上了，成了资本市场的宠儿。"

　　2018年初，项目组进行调研回访。当问起汉庭的一位店长，一年来干净战略带来了什么改变时，她用了"变化超大"四个字来形容。

　　她告诉我们，她在酒店行业做了8年，知道太多的潜规则，自己在外住酒店是一定要带上水杯和毛巾的，五星级酒店也不放心。但现在汉庭比五星级酒店要干净得多，她也会推荐自己的家人住汉庭，因为她每天都亲眼看见清洁师清扫。以前发

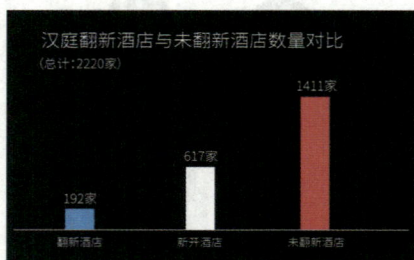

▷ 数据来源：华住集团

▷ 华住酒店股价涨势图

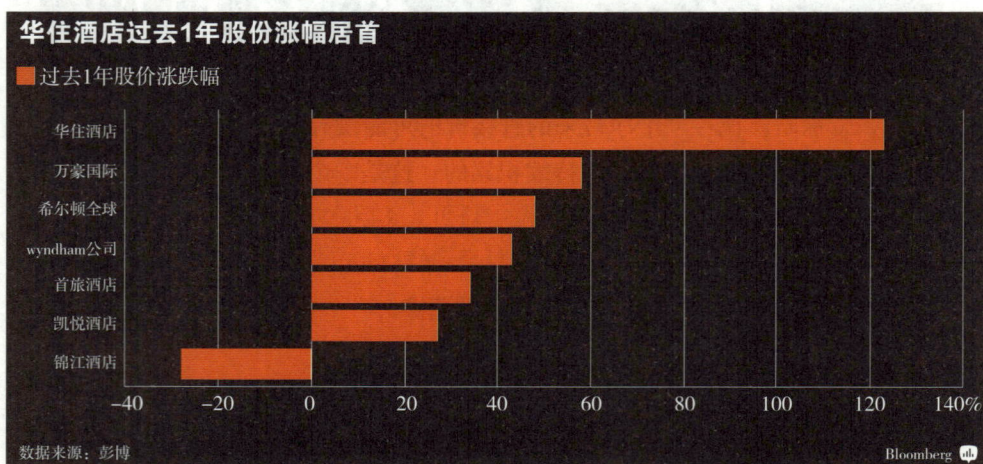

华住酒店过去1年股份涨幅居首
■ 过去1年股价涨跌幅

▷ 华住酒店过去一年股价涨幅遥遥领先

现有不干净的地方，她会指责清洁师；而现在，她会和清洁师一起清扫，因为她知道清洁师们有多辛苦。

成功不是去做伟大的事，而是把平凡的小事做彻底，做出不平凡，这就是"凡事彻底"。"爱干净，住汉庭"就是由一群平凡的人，做着清扫这件平凡的小事，日日不断，做出了不平凡的奇迹。

对行业作出的七个价值贡献

第一，蓝海不是一劳永逸的，是需要不断开拓获取的。蓝海创新是短暂的，最终都会变成红海。没有永远卓越的企业，只有不断被创新、不断被创造的蓝海市场。

第二，蓝海战略就是《孙子兵法》的《虚实篇》。我们在一方面加强、做实，就要在另一方面减弱、做虚。蓝海战略就是一个"虚实战略"。

第三，口号就是行动，口号就是战略，口号就是口碑。

第四，口号的背后是投资，是人力、财力、物力资源的集中，是压倒性的投入。

第五，口号不是设计一句话给消费者听，而是设计一句话让消费者去传给别人听。

第六，口号是品牌精神的传递，是企业文化的重塑，是人员素养的重塑。

第七，凡事彻底。成功不是做不平凡的事，而是把平凡的事做彻底，做到不平凡。

"爱干净，住汉庭"案例获得了华与华2017年度100万元创意大奖，华与华董事长华杉点评：

第一，"爱干净，住汉庭"以这么一个简单有力的战略为重心，决胜点、关键动作、时间节点，在我们案例里都体现到了。口号就是行动，口号就是战略，口号就是企业文化，这些深入影响了汉庭的企业文化，改变了汉庭。

第二，从资本市场来说，汉庭从产品的价格上实现了蓝海的溢价、品牌的溢价，扭转了全球资本市场对经济型酒店的看法。资本市场常常看一个项目"性不性感"，有没有"想象力"。经济型酒店行业原本已经不性感了，因为"爱干净，住汉庭"，它又"性感"了。

第三，这个案例体现了我们对人的关怀，体现了双手改变命运。我们让"清洁阿姨"成为"清洁师"，有初级清洁师、中级清洁师、高级清洁师。我们不仅提高她们的收入，而且使她们的职业有阶梯和未来的发展，希望有清洁师在未来得到成就。这是一个有博大的胸怀、一个有很深的社会正能量的案例。

▷ 2018年，汉庭项目获得华与华第四届100万元创意大奖

固安

肖　征／孙艳峰

我爱北京天安门正南50公里
18年打造固安城市品牌传奇

2002年之前的固安，是河北省旳一个典型农业小县。钓具、肠衣、滤芯、塑料是支撑固安县域工业的"四大金刚"。当时的固安产业基础薄弱，城镇化水平低，全县年财政收入不足1亿元，在河北廊坊10个县（市、区）中，常居"后三位"之列。存在"内忧"的同时，北京对周边地区的吸附效应远大于扩散效应，外来投资不足、人才引进困难、人才外流严重等多重"外患"也制约着固安的发展。

固安是距离北京最近的县城，隔着一条永定河，与大兴相望，地处北京、天津、保定三市中心，自古有"天子脚下，京南第一城"之称。固安虽然有着这样的优越区位条件，但长期处于"灯下黑"的境地。在相当一段时间里，固安的经济发展难与"京南第一县"之名相匹。当时有媒体报道固安是"抱着金饭碗讨饭"。

先产品策划，后城市规划——16字方针指导固安25平方公里城市规划

在固安产业新城建设之初，华夏幸福基业股份有限公司（以下简称"华夏幸福"）联合固安县政府，集聚全球智慧，以"汇集全球城市经验，建设中国产业新城"为目标，邀请了来自全球9个国家和地区的40余位城市战略、产业研究及空间规划方面的大师，致力于将固安工业园区打造成为一个创新驱动、产业集聚、宜居宜业的新城镇，希望通过产业升级促进固安城市发展，带动高端产业入驻，最终推动经济增长。

但是如何能快速地把固安工业园区营销出去，吸引各方的投资和合作呢？

华与华在这一时期协助华夏幸福把工业园区的招商推广提升到城市营销的高度，通过发掘并放大固安的区位价值，并以区位价值带来投资价值想象，推动其成为投资热土。

"城市营销"的概念最早来源于西方的"国家营销"理念。这一理念认为，一个国家也可以像一个企业那样用心经营。从这一角度来说，城市营销的本质也就是营销最核心的4P：产品（Product）、价格（Price）、渠道（Place）、促销（Promotion）。

▷ 固安工业园区25平方公里和2.8平方公里城市设计最终文本　▷ 固安自行车运动公园

▷ 固安工业园区"未来城市试验区"标志

4P第一个关键就是产品。后工序推广决定前工序产品。也就是说应该由推广决定产品策划，产品策划决定规划设计，而不是规划搞完了，再考虑做什么产品，以及怎么推广销售。所以我们需要先进行城市的产品策划。产品等于购买理由和使用体验，我们需要先设计吸引顾客来的购买理由，并通过产品的设计，创造顾客来了之后的使用体验。

华与华方法也强调用"产品开发"的思想重新设计城市，通过战略设计、产业设计、项目设计和规划设计改变城市的价值。

基于这一理念，我们将固安工业园区在城市建设和产业发展方面的经验总结成16字：

公园城市，
休闲街区，
儿童优先，
产业聚集。

这16字方针既是区域开发的建设理念，也是城市产品开发的方针原则。在16字建设方针的指导下，固安工业园区进行了当时25平方公里的城市总体规划和2.8平方公里城市核心区规划设计。

同一年，华与华从城市营销的角度，提出固安的城市战略定位——未来城市试验区。站在大北京的战略高地，固安工业园区希望打造国际化的全球品牌形象，华与华为固安工业园区设计了这一形象。为了达到最完美的效果，我们又邀请了世界级平面设计师陈绍华先生（代表作：2008北京申奥标志）参与对形象设计的修改工作。

这个形象以"未来之眼"为核心理念，以红色粗壮的英文字母为主体，将字母"G"变形为毛笔效果的"未来之眼"，以国际化的表达方式传达了固安工业园区"建设世界级未来城市"的伟大梦想。

顺便一提，早在2005年，华与华就为固安工业园区策划过城市产品——自行车运动主题公园。这个主题公园也在2013年建成并投入使用，是中国（固安）自行车公开赛等各类骑行赛事的举办地，在成为这座城市活力地标的同时，也为固安城市居民提供了充满活力的新生活方式体验。

城市营销——关键是营销一个"地点"

城市营销，营销的是一个"地点"。而营销的第一步就是要找到这个地点的"地标符号"。比如中国的符号是长城，北京的符号是天安门，上海的符号是外滩，巴黎的符号是埃菲尔铁塔，纽约的符号是时代广场……

找到一个"地标"符号，这个符号就能最大化地让我们被识别。

一个超级品牌就是一个伟大的符号系统。品牌要么始于符号，要么成为符号，而通常超级符号两者皆有。

那么，如何在这个地处北京南部，靠近北京大兴的传统农业小县中找到一个"地标符号"，把固安这个地方营销出去，让投资者立刻熟悉固安、喜欢固安，并且马上想去看看它呢？

● **发掘区位禀赋，嫁接超级地标符号，打造固安工业园区品牌超级符号**

固安这样一个传统农业小县，乍一看似乎没有什么值得挖掘的地标符号，但在研究固安的区域禀赋和区位条件的过程中，我们发现：这里的人们喜欢告诉外面来的人，固安这座城恰好处于天安门正南中轴线上。其实在明清时期，天安门正南延至固安这条路，只有皇帝出行时才能使用，故称"御道"。皇帝若要南巡，第一站就是固安。所以固安素有"京南第一县"之誉。

在最初的合作阶段，客户在向华与华介绍固安时，也这样说道："我们这个地方是天安门正南50公里……"

最好的创意是发掘一个事物与生俱来的禀赋，这样的创意往往是不思而得的。

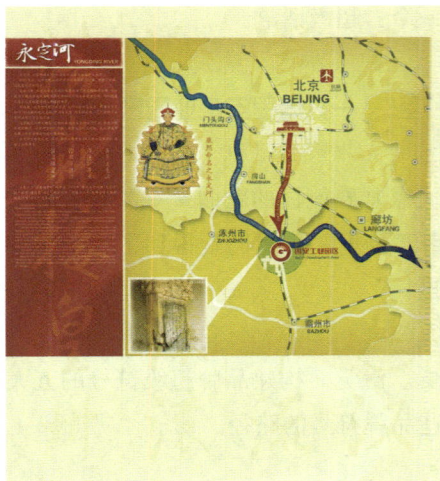

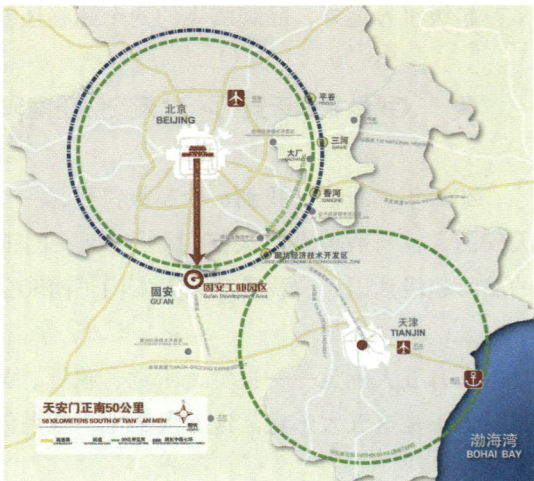

▷ 固安工业园区——天安门正南50公里

　　就这样，我们在固安周边找到了中国最大的一个超级地标、超级符号——北京天安门。沿着天安门向南画一条线。然后根据天安门标注了固安的位置，我们发现固安正好在"正南50公里"。这样一来，"天安门正南50公里"，大家一听就知道固安在哪里了，它的投资价值也就呈现出来了。

　　2005年，嫁接了超级地标符号"北京天安门"，有了"天安门正南50公里"这一区域品牌超级符号之后，固安工业园区的招商、宣传，以及所有的传播推广系统，也全都围绕这句话延展。但是我们觉得这还不够，要实现品牌腾飞，我们还差了点儿什么。

超级符号之外，品牌腾飞的两个翅膀还差一个：超级话语。

● 《我爱北京天安门》+"天安门正南50公里"——打造固安工业园区超级话语

2007年，我们又找到一个超级符号，一首大家耳熟能详的歌曲——《我爱北京天安门》。《我爱北京天安门》+"天安门正南50公里"，我们就得到了一个完整的品牌超级话语："我爱北京天安门正南50公里！"

人有五大感觉——视觉、听觉、嗅觉、味觉、触觉。构建品牌超级符号的五大路径也正是这五大感觉。这五大感觉，就是创造品牌符号的路径。

我们通常说的符号，大多是指视觉符号。一般来说，品牌符号还是遵循视觉第一的原则。我们记得的品牌，多半都先有视觉印象。从距离来说，看得比听得远；从速度来说，光速比音速快；从文化来说，文字要翻译，图形无国界。

但是听觉不一定是第二。

听觉有视觉无法比拟的优势：不需要看见。视觉只利用了眼睛这一个感官，而听觉可以同时启动受众的耳朵和嘴巴，口耳相传。

利用听觉向消费者传递，不是眼睛传递颜色，而是嘴巴传给耳朵；不是视觉在传，而是听觉在传。在华与华方法中，我们不做"传播"做"播传"。长腿的创意自己会跑，播一个东西出去要让它自己能传！

"我爱北京天安门正南50公里"正是基于这样一个原理。

《我爱北京天安门》是一首儿歌。它差不多是每一个中国人从小学会唱的第一首歌，是每一个中国人都熟悉、印象深刻，且备感亲切的超级符号。通过嫁接这样一句话、一首歌，我们就给固安工业园区的品牌带来了巨大的推动力。

我们取得了《我爱北京天安门》这首歌的版权所有者的授权，改编成了歌曲——固安版的《我爱北京天安门正南50公里》：

我爱北京天安门，正南50公里；

小城市有大志气，固安人们欢迎你。

我爱北京天安门，正南50公里；

固安人们欢迎你，未来城市在这里。

● **超级符号+超级话语——一句话点明区位价值，降低传播成本，让一个陌生的地方变得很熟悉**

　　形象的城市宣传让很多人开始认识这座京南小城。固安工业园区招商团队回忆说，园区建区初期，招商人员往往要费很多口舌告诉对方固安在哪里，拥有怎样的区位、交通等优势。而今，只要说到固安，很多客户都会说："知道知道，就是那个'我爱北京天安门正南50公里'的地方。"

——2015年中国新闻周刊《固安：产业新城的创新生态》

　　这样一个符号嫁接，把"北京天安门"的符号嫁接给了固安，把北京的"原力"、天安门的"原力"、《我爱北京天安门》歌曲的"原力"一下子注入了固安工业园区。一个本来完全陌生的、第一次听说的地方一下子让人感觉非常熟悉。

　　你不知道固安，但你熟悉天安门。"天安门"是人们熟悉、感到亲切的符号，并且人们了解这个符号的价值。一知道固安在"天安门正南50公里"，固安不仅能被人立刻熟悉，还能让人对它马上产生亲切感，让人迅速了解其价值。

　　对于投资者来说，这句话精确而又有想象力地告诉了他固安工业园区的位置——天安门正南50公里。这意味着他可以享受到北京的超级都市配套：商务、生活、教育、医疗、科研、人才……中国最好的资源都在它50公里范围内。

　　"我爱北京天安门"里的感情含量又强化了亲切感和熟悉感，甚至会让投资者有种冲动，马上就去看看。使用了两大文化符号，嫁接了两大文化符号的"原力"，这句话就一下子把人的记忆宝库打开了，运用起来了。

　　广告是符号的编码，有了"我爱北京天安门正南50公里"这句广告语，我们以此为核心进行了系统的符号编码和广告设计。

我爱北京天安门正南50公里

▷ 二维码（扫码听音乐）

▷ 我爱北京天安门+天安门正南50公里 → 我爱北京天安门正南50公里

▷ "我爱北京天安门正南50公里"航机杂志广告、户外广告

如果你经常坐飞机，你就有可能在航机杂志上看到过这个广告；如果你从北京向南经G45大广高速路过固安，你也可能在高速一旁看到过这个广告。一个西装革履的西方男人——他是投资者、企业家的符号——端着一块标语牌，标语牌上写着：我爱北京天安门正南50公里。

到这里你已经看到超级符号的价值——用创意降低了获得对品牌认知的成本，以及打动顾客的成本，你甚至可以直接得到顾客的行动反射。

这就是华与华方法——超级符号的认识论和方法论。符号本身具有指称识别、信息压缩、行动指令三大功能，而超级符号就是这三大功能都达到最强时的符号。符号来源于人们大脑深处的意识，是文化条件反射，是一个直接的信息刺激反射捷径。

超级符号的方法是刺激消费者本能的最高效的反射方法。因为超级符号是蕴藏在人类文化里的"原力"，是隐藏在人类大脑深处的集体潜意识。它已经为能够掌握、引爆它引信的人，积聚了数万年的能量。它能够激发人的整体性经验，能激发起人类文化里关于这个符号的所有经验，打开消费者头脑中的记忆、情绪和体验宝库。

什么样的符号能成为超级符号呢？主要是公共符号和文化符号。

公共符号，比如红绿灯、交通示志、男女厕所标志，就属于最强大的公共符号。这是因为全世界所有人都认识它们，而且听它们指挥。所谓"一切行动听指挥"，我们每天都在听符号指挥。超级符号是人人都看得懂的符号，并且是人人都按照它的指引行事的符号。人们不会去思考它为什么存在，只要一看见这符号，就会听它的话。

而文化符号是指人类文化的原型符号，比如金元宝的形象就是中国人的文化符号。

当这些符号嫁接到品牌符号中时，就会爆发出不可思议的力量。它可以轻易地改变消费者的品牌偏好，也可以在短时间内发起大规模的购买，还可以让一个新品牌在一夜之间成为亿万消费者的老朋友。当然，让人们对一个陌生的地方一下子觉得很熟悉自然也不在话下。

超级符号与超级话语——构建固安城市营销、体验系统

接下来，所有问题迎刃而解。"我爱北京天安门正南50公里"成为固安工业园区最有价值的品牌资产，也是一切品牌体验的核心。在此基础上，我们为固安构建了"来之前、来之中、走之后"全方位城市品牌营销和体验系统。

在《体验经济》一书中，顾客和品牌的关系被分为"来之前""来之中""走之后"三个阶段，并做出了如下要求：

来之前，值得期待。

来之中，体验惊喜。

走之后，值得回忆，乐于谈论。

值得回忆，是有价值。而乐于谈论，才是传播的关键。对于固安工业园区，我们希望达到什么样的体验效果呢？

来之前	来之中	来之后
让人知道有这个地方，并且知道在哪儿，产生期待，向往到固安来。	系统的体验设计，创造客户体验，让来者不断有惊喜、兴奋点。	值得回忆，乐于谈论，记住话语，带走信物，让客户帮我们传。

● 创造体验的三个阶段——来之前

来之前，如何让人知道有这个地方，并且让人知道它在哪儿呢？尤其针对企业投资者们，如何能让他们产生期待，希望到固安来呢？

我们建议固安工业园区在首都机场、京开高速、京石高速、京津塘高速，以及上海、深圳等城市重要地段的显要位置，设置了醒目的户外广告；在《中国电子信息报》《中国汽车报》《中国企业家》以及航机杂志等相关投资者最常接触的媒体上，我们建议固安以"我爱北京天安门正南50公里，固安工业园区"为主题投放广告。同时，制作专题广告宣传片，建立品牌推广网站，对园区品牌进行大力推广。并在专业的产业招商平台上搭建展台，推介固安工业园区。这些在园区建设初期，对招商和城市品牌的建设都起到了非常明显的作用，显著提高了固安工业园区的知名度和口碑，提升了固安的城市形象。

客商和固安工业园区相识于一块户外广告牌。

一位外省的客商对记者说："最初，我对固安不是很熟悉，对固安工业园区更是不熟悉。我们相识的媒介是高速公路上的一块广告牌，广告主题是'我爱北京天安门正南50公里'。这个广告创意很独特，给我留下的印象很深。透过老外志得意满的神情，传达出企业成功选择固安的坚定心声。"

——2009年《河北经济日报》

十年前，一句"我爱北京天安门正南50公里"的宣传语，一位笑容可掬、手捧横匾的国际范儿洋大叔，让"京南第一县"固安名扬海内外，进而成为中外优秀企业投资的热土。

——2013-03-20《河北日报》《空港新城 产业化新引擎——固安产业新城发展》

● 创造体验的三个阶段——来之中

人来了，怎样给予好的体验、高满意度，增加合作、签约和选择我们的概率呢？这其实需要一套完整的品牌体验管理系统。

首先是针对城区形象和体验系统的规划。

从进入固安的那一刻起，你就能感受到统一的城市品牌形象。围绕"我爱北京天安门正南50公里"这个超级符号，固安工业园区在域内设计了全面的城市体验包装系统。从城市入口到城区包装，再到公园、广场的指示设施，都在创造形象鲜明、统一的城市形象。

其次，还有丰富多彩的城市节日和城市活动——世界玩什么，固安玩什么！

城市不但有硬件产品，也有营造城市文化、丰富城市活力的软件产品。而这些正是吸引人们前来的"购买理由"。

站在"中国未来城市"的战略高度，我们围绕"世界玩什么，固安玩什么！"的理念，为固安工业园区规划了系统的城市节日活动，比如活力十足的固安自行车运动赛、圣诞健康跑等，都为固安城市品牌增添了极具人气的活力氛围，为"我爱北京天安门正南50公里"创造了一个又一个理由！

▷ "我爱北京天安门正南50公里——固安工业园区"报纸广告

▷ 我爱北京天安门正南50公里导入固安城区形象和体验系统

▷ 2015中国 · 固安自行车公开赛

▷ 年年圣诞节吃苹果,今年圣诞健康跑，图为2015年12月25日举办的圣诞跑活动

早在2012年6月28日，固安工业园区开发建设10周年之际，固安运用现代城市营销理念，举办了一系列城市营销活动，包括盛世嘉年华、产业新城国际高峰论坛、固安规划馆开馆仪式、园区10周年庆祝晚会、大型文艺晚会等活动，进一步提升了区域品牌价值，展现了区域发展魅力。

"我爱北京天安门正南50公里，固安工业园区"在今天已经成为工业园区的名片，也成为了固安的城市品牌传奇。"我爱北京天安门正南50公里"的广告牌始于文化符号，后来，它自己也成为了一个代表着固安的文化符号，经常出现在固安的各类节日活动中。固安人说到这句话时，脸上无不洋溢着自豪！

最后，还有以城市品牌营销为导向的城市规划馆和招商展厅。

展厅、规划馆也是城市品牌营销的一个重要媒体和渠道。要真正认识"展览"，首先要能够回答4个问题：展馆给谁看？想让人参观之后记得什么？离开展馆时带走什么？回去之后跟别人说什么？

以固安规划馆为例。在做展陈规划时，我们第一个要明确的就是要给谁看的问题。是给关心我们的政府领导看，还是给想来投资的企业客户看？又或是给其他前来学习的兄弟城市看？这些都是首先要考虑的。

另一个问题是，我们希望他们参观之后记得什么。我们希望他们记得什么，我们就在这个展览中设置什么样的内容、环节和结论性观点，方便他们回去之后向人介绍，向领导汇报。传播的关键不在于"传"，而在于"播"。传播——或者说"播传"——应该是我们设计了一句话，推出去之后它自己能长腿，能"播传"，一语风行。

最后，还有我们的城市特色和品牌符号设计。这些是参观者带回去之后，还能不断被提起、被谈论的"信物"。就像我们去一个地方旅行，带回来一个当地的纪念品摆在家里，等朋友来家里看到后，那个地方就又会被谈论一次。这就创造了二次传播的机会。

整个固安规划馆都以"我爱北京天安门正南50公里"超级旋律为背景音乐。并且来宾在参观结束后，会和固安工业园区广告形象上的那块"我爱北京天安门正南50公里"的标语牌合影留念。

● 创造体验的三个阶段——走之后

前面也提到了：要让人记住什么话，就让人带走什么信物。这样才能让人们觉得值得回忆、乐于谈论，让来参观的人回去之后还能替我们"传"。我们围绕固安的特色和城市禀赋，开发了"固安礼物"这一系列产品，把固安的文化、民俗、历史，甚至产业特色都融入到礼品的创意设计中。这样，我们就创造了一个传播固安、宣传固安的新载体、新媒体。

"我爱北京天安门正南50公里"这一创意获得了巨大的成功！

随着"我爱北京天安门正南50公里，固安工业园区"的超级话语、超级符号、超级儿歌在固安工业园区城市品牌营销和推广中的逐年应用和实施，在今天，这句

▷ 2009年，廊坊518经贸洽谈会上固安工业园区的展览设计

▷ 固安规划馆

▷ 2012年6月28日，40万固安人民喜气洋洋，迎来了固安工业园区建区10周年，欢庆晚会上，开场节目——儿童大合唱《我爱北京天安门正南50公里》

▷ 来访者在"我爱北京天安门正南50公里"广告牌前合影

超级话语已经成为固安人为之骄傲的品牌超级符号，也成为固安的城市品牌传奇、品牌资产。在今天，这个标语牌被各种形式地运用到他们的城市景观、街道和城市节日活动中，无处不在。

重复，是宣传的最大智慧，而要做到却很不容易，因为人们耐不住再上去"创造一番"的冲动。"我爱北京天安门正南50公里"仅仅重复了10年，就成了固安的城市符号，我们也相信，它能够再重复100年、1000年。

延伸阅读

● 固安大事年表

1. 2002年6月28日，固安工业园区奠基，引入华夏幸福这一市场力量，与固安县政府采用政企合作的PPP市场化运作模式，合作打造固安产业新城。
2. 2003年，华与华介入，为固安工业园区提供整个城市的品牌营销。
3. 2005年，华与华提出固安城市战略定位——未来城市试验区，并将固安工业园区在城市建设和发展中的经验总结成16字：公园城市，休闲街区，儿童优先，产业聚集。
4. 同一年，华与华提炼出固安超级创意的前身——"天安门正南50公里"。

▷ 固安礼物

5. 2007年，华与华创意出"我爱北京天安门正南50公里，固安工业园区"这一完整的品牌超级创意。2009年整个固安工业园区的城市品牌营销和招商推广就围绕这一创意展开。

6. 2008年，河北省商务厅在全省开发区中推广"政府主导，企业运作"为主要内容的"固安模式"。

7. 2013年，固安工业园区工业总产值，从10年前的2亿元攀升至112亿元，一跃成为"河北经济新的增长极"。

8. 固安工业园区获得中国县域经济创新50强第三名，位列全国县域经济发展前100强县的第十名。

9. 2015年7月，固安工业园区作为唯一一个新型城镇，入选发改委首批PPP项目库。国务院通报表扬，并号召全国推广学习。

10. 2016年，固安县年财政收入从2002年的1.1亿元增长到80.9亿元，实现超过近80倍增长。

11. 2018年5月7日—2018年5月9日，联合国欧洲经济委员会第三届PPP国际论坛在瑞士日内瓦联合国欧洲总部举行，会上评出了全球60个可持续发展的PPP案例。华夏幸福与固安县政府以PPP机制合作打造的固安产业新城PPP项目成功入选，成为中国唯一入选的城镇综合开发案例，标志着华夏幸福产业新城PPP模式获得了联合国等国际组织的认可。"这是一个具有宏图大略的产业新城综合开发PPP模式。"在本届PPP国际论坛全体会议上点评固安产业新城案例时，联合国欧洲经济委员、PPP事业顾问委员会（BAB）资深顾问布鲁诺·德·卡萨莱特（Bruno de Cazalet）如此说道。

● 今日固安

今天的固安已成为名副其实的"京南第一城"，新型显示、航天航空、生物医药、智能网联汽车等高端产业集群集聚发展。

2002年6月28日，固安工业园区奠基，引入了华夏幸福这一市场力量，拉开了固安快速发展的序幕。华夏幸福集聚全球智慧，为固安导入产业集群，通过产业升级促进固安城市跃进，带动高端产业入驻，推动经济总量实现几何级增长。固安致力于打造"全球技术商业化中心"，创新实践"全球技术、华夏加速、固安创造"的发展路径。通过构建高科技研发制造与高端现代服务业协调发展的"313"产业体系，搭建"技术导入—技术研发—中试孵化—技术商业化"的全产业链服务体系，完善技术交易、金融服务、创新创业等服务平台，形成功能齐备的科技成果转化生态系统，加速技术商业化。

十几年的过程中，一座创新发展、智慧生态、宜居宜业的固安产业新城在京南永定河畔崛起。固安也逐步成长为宜业宜商、宜居宜游的县域经济发展样本。

新机场，新固安！2019年，北京新机场——北京大兴国际机场（Beijing Daxing International Airport）将全面竣工，为区域投资带来新的发动机。固安价值巍然崛起，未来发展更加可期！

● **华夏幸福**

华夏幸福基业股份有限公司（股票代码：600340），创立于1998年。20年来，始终致力于产业新城的投资、开发、建设与运营，已成长为中国领先的产业新城运营商。截至2018年9月底，公司资产规模近4000亿元。

华夏幸福以"产业高度聚集、城市功能完善、生态环境优美"的产业新城为核心产品，通过"政府主导、企业运作、合作共赢"的PPP市场化运作机制，在规划设计服务、土地整理服务、基础设施建设、公共配套建设、产业发展服务、城市运营维护六大领域，为区域提供可持续发展的综合解决方案。

以"产业优先"为核心策略，华夏幸福凭借约4600人的产业发展团队，聚焦新一代信息技术、高端装备、汽车、航空航天、新材料、大健康、都市消费等10大产业，全面打造百余个产业集群。截至2018年6月底，华夏幸福已为所在区域累计引入签约企业超2000家，招商引资4400多亿元，创造就业岗位9.7万个。

秉持"产城融合"的理念，在导入、培育产业集群的同时，华夏幸福同步建设并运营居住、商业、教育、医疗、休闲等城市配套，最终实现区域的经济发展、社会和谐、人民幸福，推动城市的高质量、可持续发展。

围绕国家战略重点区域，公司积极布局京津冀、长江经济带、中原城市群、粤港澳大湾区等地区。目前，已完成了围绕北京、上海、广州、南京、杭州、郑州、武汉等全国15个核心都市圈的布局，事业版图遍布全球80余个区域。

　　承载着推动中国产业转型升级，促进城市可持续发展的伟大梦想，未来，华夏幸福将继续坚定不移地打造产业新城，实现所开发的区域经济发展、社会和谐、人民幸福！

▷ 华与华为华夏幸福设计的品牌形象

厨邦

肖 征／夏晓燕

厨邦：绿格子桌布上的调味品王国

首次独家揭秘"晒足180天"背后的故事

　　厨邦董事长张卫华先生第一次遇见华与华董事长华杉先生是在2000年。当时，华杉先生刚涉足咨询业4年，张卫华先生就对华杉先生展露出的才华留下了深刻的印象。10年后，厨邦经过了一系列的产品和渠道重整，已是厨邦掌门人的张卫华董事长觉得，厨邦下一步的大发展亟须寻找一个理想的营销咨询机构。

　　一次偶然的机会，张卫华董事长看到了华与华在航空杂志上刊登的广告，发现华与华的掌门人就是当年的华杉先生。因此，张卫华董事长毅然找上了华与华，确认了双方的战略合作关系，开始共同把厨邦这个品牌真正地做大做强，让消费者认可它，购买它。

我们有时候不得不感慨缘分的奇妙性。正是因为多年前的一次机缘，这两位董事长就此结缘，一起写下了厨邦和华与华长达9年不间断合作的传奇篇章。

狭路相逢，勇者胜

2010年对厨邦来说是很关键的一年。当时，厨邦面临着来自行业内外的双重压力。

首先是来自整个调味品市场大环境变化下的重压。当时大多数的调味品企业还是以农副产品深加工为主的"土八路"模式，大多是各占山头。就算是当时称得上全国性品牌的"四大名醋"，也就是占地大点，买的人多点。大伙靠手工作坊发家，尽管设备旧、技术低，小米加步枪，却谁也不服谁，成天不计成本打价格战。同时，外资企业的强势介入更加剧了竞争。本土调味品企业纷纷通过收购、扩大资产等方式壮大自己的根据地，行业崛起就在眼前。

其次，厨邦同时也面临着酱油行业内的激烈竞争。当时厨邦的产品主要是酱油，做区域市场，渠道主要是各大商超、流通市场，如批发市场、菜场等。厨邦当时的销售渠道集中在华南、华东地区，尤其是海南、福建、浙江等地，是一个区域性的品牌。而由于海天、加加等为代表的中低端调味料品牌价格相对适中，它们在市场上占有主导地位，终端表现力相对较好，是厨邦主要的竞争对手。厨邦想要在调味品市场脱颖而出，就需要找到突破口往高处走，因为低端市场很难有利可得，规模化的成本又太高。

但在那时，寻求突破真的太难了，就像是在一片混沌的黑夜中前行，眼前的道路都是模糊的。那么，厨邦到底该何去何从？就在这个时候，华与华十分有幸能得到张董的信任，共同成立了华与华"厨邦项目组"，从此共同走上了披荆斩棘、开疆拓土的勇者之路。

用"超级符号"和"超级口号"向消费者发射信号

我们常常看到一些让人摸不着头脑的广告。这些广告往往看到最后一秒，也不知道它们到底要卖什么产品。这样的广告或许有让人拍案叫绝的"创意"，却不能解决问题——不能传播，不能卖货。而华与华从不戴"创意"的高帽子。

了解过华与华的读者朋友们应该都有听过"超级口号"和"超级符号"。这是华与华的两大核心技术。想要达到传播的效果，就要给消费者一个信号刺激，希望他能给你一个行为反射。我们很贪婪，我们期待的行为反射有两个：不仅期待他向我们买，而且希望他替我们卖。我们给消费者的刺激信号就是"词语"和"符号"。

往根源追究，可能要说到巴甫洛夫的条件反射理论。人的一切行为都属于反射的范畴，信号是大脑皮层最基本的活动。信号分为两类：一类是现实的具体信号，如食物的外形、气味、声音、光泽等；一类是现实的抽象信号，称为第二信号，如语言、文字。唯有人，才有第二信号系统，即引起人的高级神经活动发生重大变化的语言和符号反射功能。简单点说，正是词语和符号让我们成为人。

词语和符号，就是我们一切战略营销、品牌创意工作的入口。超级符号就是超级创意，我们的工作，就是寻找和创造有最强信号能量的词语和符号，并获得最大的行为反射。

超级口号："晒足180天，厨邦酱油美味鲜"

华与华做的第一件事就是给厨邦酱油一个"超级口号"。广告大师大卫·奥格威在《一个广告人的自白》一书中说："不要推出一个你不愿意你家人看到的广告。"广告就要讲事实，不欺骗，而成功的关键在于向消费者允诺实实在在的好处——诸如更好的味道、清洗得更白……

那么，超级口号从哪里来呢？超级口号要从厨邦的产品中来。眼见为实。我们要到生产、销售的现场，去发掘产品的资源禀赋，再把它们放到产品的超级口号中。这样产生的超级口号，消费者们才会放心购买。

"金品质，味生活"是厨邦原有的口号，消费者看到这句话是不会有购买的欲望的。

首先，这是书面语，不是口语。书面语是"视觉语言"，不是"听觉语言"。一般我们听到书面语不会有啥反应，看过就忘了，这就起不到最基本的"传播"效果。而口语就不同，消费者的眼睛、耳朵、嘴巴都被用上了。消费者听完了还能说，还能口口相传，播出去替我们传，不就更能降低品牌传播成本，提高品牌传播效率了吗？所以口号用口语效果会事半功倍。

其次，这句话没具体内容，不是陈述事实，更没有要求行动。这也是大多数广告语的毛病——搞"文学创作"。广告语的"文学创作"就是说没有意义的话、没事实的话、没行动要求的话。消费者根本不知道你要"卖"什么，又怎么会去"买"呢？广告口号要么就是陈述句，陈述事实；要么就是行动句，直接要求人行动。不要他行动，咱喊口号干吗呢？

在华与华的方法里，广告口号必须是能说动消费者的话。消费者听到这句话会行动，会产生购买欲望。而且，这句广告口号要"一目了然，一见如故，不胫而走"。一目了然，一见如故是"播"，不胫而走是"传"。我们要"先播后传"。

想检验一句广告口号是不是能传播出去，可以先看看周围人会不会随时把这句话挂在嘴边。只有"播"，没有"传"，那就没用。一条优秀的广告口号，不是说一句话给消费者听，而是设计一句话让消费者传给他的亲朋好友听。这就要求这句话不仅是口语，最好要押韵，是一句"口语套话"，也就是我们常说的顺口溜。

"口语套话"是一个话语学研究的学术词语。沃尔特·翁在他的媒介环境学名著《口语文化与书面文化》里说，研究《荷马史诗》的人有一个困惑：没有文字记录，那行吟诗人如何能创作并背诵数十万行的诗歌呢？而哈佛大学米尔曼·帕利教授的研究揭晓了谜底：行吟诗人不是在写诗，而是在"编织诗歌"。他们靠全套的

"预制件"拼接组装，这些"预制件"就是套话。

做广告不要绕弯子。广告口号要不思而得，脱口而出。同时，听到这句口号的人也要能入耳不忘、脱口而出地传给他人。这样才能形成最高效率的传播。

他的研究还发现，口语套话是人类在几万年，甚至几十万年前的前文字时代时，出现的一种知识、信息的储存器和传承方式。它深入人的生理基因，以至于人们对口语套话没有心理防线，听到顺口溜就接受。华与华把这称为"俗语不设防"。当你为品牌创作了一句能一目了然、一见如故、不胫而走的顺口溜，实际上你已经让它的品牌口号成为"谚语"，成为人类的文化和知识资产。这就是品牌的超级资产。

了解完了华与华"超级口号"的基本准则，我们首先要做的就是翻新厨邦原本的广告语，让"金品质，味生活"变成一句大白话。同时，这句大白话还要包含厨邦酱油最关键的购买理由。它的最终目的是让消费者行动——激发消费者的购买冲动，让消费者愿意传播。

现在大家都知道了，华与华为厨邦设计的超级口号是"晒足180天，厨邦酱油美味鲜"。那么这句话是怎么得出的呢？肯定不是坐在办公室里拍脑袋就能想出来的。

不难发现，这句话当中的灵魂是"晒"和"鲜"。那么我们就把这两点拎出来和大家一起分享一下。

● "晒"

厨邦是一个位于广东省中山市的酱油企业。广东的酱油工业十分发达，这是因为亚热带的光照时间长，气候温暖，自古以来适宜晒制酱油。所以广东酱油的工艺，与中国北方以及日本的酱油工艺都不同。北方光照短，低温时间长，而广东省的南派酱油，完全是天然晒制，保持了传统、天然的风味。"晒"字由此而来。而180天则是酱油本身生产发酵酿造的周期。

"天然晒制""晒制发酵180天"，这些核心工艺对于厨邦来讲都已经习以为常、司空见惯，但厨邦并未真正发现其蕴含的价值所在。我们通过现场了解厨邦酱油工艺，发现并挖掘出了厨邦酱油核心工艺的巨大价值，进而提炼出了"晒足180天"的超级口号。

● "鲜"

"鲜"字的灵感则同样来源于现场。它是从厨邦工厂老师傅的话语里，从当地老百姓的厨房里，从茶餐厅的食客嘴里得到的。

广东人饮食清淡，但吃什么都爱蘸酱油。酱油让食材焕然一新，三杯鸡，第一杯就是酱油。华与华在市场调查中发现消费者对于酱油"鲜"有强烈的诉求，于是把它应用进超级口号中，这样的超级口号才是消费者想听到的"指令"。

消费者们从这句话中了解到了这个产品最核心的优点，而这个优点正是他们所需要的。这样，他们才会愿意去购买他们想要的产品，然后再去传播它。所以，"创意"基于消费者的常识。你必须贴近你的消费者，贴近现场，贴近现实才能了解他们真正需要什么。也只有这样，你的超级口号才能"打动"他们，而不是"说服"他们。用超级口号与消费者沟通的本质是"购买理由"。

当时我们还有一个发现：消费者天然就喜欢"老传统"的"酿造"酱油，而不是勾兑酱油。而酿造酱油的核心工艺，就是"晒"。"晒足180天"比"酿造酱油"更有冲击力。它不仅在说"酿造酱油"，而且同时把自己是酿造酱油的证据也说了出来。它成为了一个承诺！

最后，在创作厨邦的超级口号过程中，我们反复读，反复喊，终于确认它能够被消费者记住并且传播。那么现在也请您大声读三遍，感受下我们在2010年的最终选择。

晒足180天，厨邦酱油美味鲜！
晒足180天，厨邦酱油美味鲜！
晒足180天，厨邦酱油美味鲜！

▷ 厨邦中山沿江大晒场　　　　　　　　　　　▷ 厨邦阳西依山大晒场

▷ 厨邦酱油广告

厨邦酱油美味鲜，晒足180天，有图有真相，就在这儿晒。

老传统都很笨，就靠太阳晒，晒足180天，晒出美味晒出鲜，厨邦酱油天然鲜。

超级符号："绿格子桌布"

超级口号和超级符号总是相辅相成的，有了超级口号，那就得再想一个超级符号，一个能够引爆企业战略的超级符号。

为什么一定要有"超级符号"呢？因为超级符号可以解决许多文字解决不了的问题。

最重要的是，它能让一个新品牌在一夜之间，成为亿万消费者熟悉的老朋友，并且迅速建立品牌偏好，发动大规模的购买。比如现在广为人知的耐克和麦当劳，一看到它们的标志，消费者立刻就知道这是什么企业。

第二个能解决的，是在混乱的货架上如何被看见的问题。超级符号在被看见的同时能迅速被理解，并引起消费者的好奇心。

最后，我们还能用这一符号建立品牌印象，将来用来卖其他相关的产品。

能解决上面三个问题的，就是华与华想为厨邦设计的超级符号。那么超级符号从哪里来呢？我们认为嫁接已有元素是效果最好的——因为不用再教育，消费者看了就知道了。比如我是新来的，我要让人熟悉我、喜欢我，就要嫁接他本来就熟悉、喜欢的符号。

所以，"超级符号"是寻找，是挑选，不是创造！要做编辑，不要做原创。

华与华超级符号库里面大概分为几个类型：自然符号、文化符号、公共符号。

自然符号是自然界里面具体存在的某一种物体。它可能是动物，比如你选择熊猫，你就画一只熊猫；选择孔雀，你就画一只孔雀。这就是自然符号。孔雀城的超级符号就有孔雀羽毛。

什么叫文化符号呢？我们在中国，就要从中华民族的传统文化里面去挖掘。华与华的很多经典案例都运用了文化符号。比如黄金酒，我们给它的超级符号就是一个金元宝，把这个作为它的品牌形象。再比如说晨光文具的孔庙祈福笔，我们就去孔庙挖掘，用了孔子的形象，这也是文化符号。

那么什么是公共符号呢？公共符号引导我们在社会生活中的一举一动。红绿灯、斑马线、男女厕所的标志都是公共符号。为什么要用这些符号呢？因为这些符号是每一个消费者都认识的，不用你教他，他立刻就能理解，能记住。斑马线是什么？每个消费者从小到大都要学"过马路要走斑马线"，这些全都印在消费者脑子里面。我们就希望寻找这些符号，把这些符号嫁接到我们的品牌上面，让消费者记得住你。一个消费者最容易记得住的东西，就是他已经知道的东西，他不知道的东西，你想让他知道，这是特别困难的。说得通俗点，那就是需要再教育的成本。所以我们为厨邦设计的超级符号，就要从与厨邦有天然联系的文化符号中，从生活场景中，从全世界每个人都熟悉、喜欢的公共符号中来。

于是，我们现在要做的就是把厨邦和这些符号联系起来。首先要思考的就是，厨邦能干吗？答：厨邦能让食材更好吃，能发挥食材潜力。那么，我们为厨邦设计的超级符号就要让食客吃得舒服，能让不同的食客吃得舒服。不光吃得舒服，还要有营养，还得让食客记忆深刻。找了一圈资料、参考后，我们最终拍板决定的是"一块绿格子桌布"。餐桌布绿格子是什么？是公共符号、文化符号，是全世界每个人都熟悉的符号，是有"原力"的符号。将这个符号嫁接到厨邦品牌，就是运用了全世界、全人类的集体潜意识，将餐桌布绿格子的符号"原力"注入了厨邦品牌。

这个超级符号看起来真的很不"酷炫"，但是提出它肯定是有理有据的：

视觉上——人眼对图形的采样习惯，是先"看见"图形的整体，后"看见"图形的局部。而人眼看格子，会省掉看局部这一步，然后产生视觉暂停，并且视觉受刺激的距离变长。反正你就记住一点，人天然就会被花纹吸引，所以格子会有视觉强制性。

生理上——它还把人的生理反应——食欲和唾液分泌反应注入了厨邦。很幸运的是，绿格子经常被作为餐桌布的元素之一。它跟食品、厨房有天然连接的属性。大多数消费者看见绿格子，通常都会把它和吃的东西联系起来。所以，我们把它铺在我们的酱油瓶上，让消费者立刻就明白，这是一个食品的标志。让人看了有食欲，是食品包装设计的梦想，而绿格子包装，让人即刻有食欲，还能让他的口水流出来。所以绿格子还赋予了厨邦酱油美味的美好联想。

▷ 绿格子餐桌布

黑压压一片
如何在这样的
货架空间中胜出？

▷ 酱油恶劣的竞争环境

▷ 厨邦酱油超市陈列

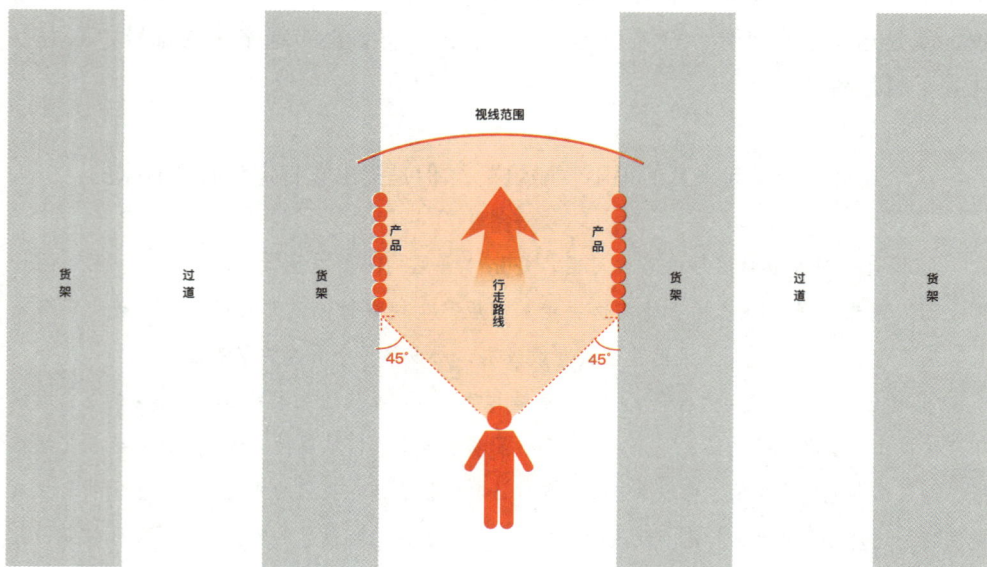

视线范围

货架　　过道　　货架　　产品　　产品　　货架　　过道　　货架

行走路线

45°　　45°

▷ 在货架中行进的消费者视线范围

传播上——绿格子是可以描述的符号，能够很容易地向别人转述，从而让消费者帮助我们传播。比如当你忘记"厨邦酱油"这个名字的时候，你可以和别人说："那个绿格子包装的酱油很好用。"这样就起到了传播的作用。

情感上——全球的格子控（谁还没件格子衣服呢），会将对格子的喜爱，移情到厨邦品牌，从而让一个品牌一夜之间成为消费者的老朋友，发动大规模的购买。

包装是最大的媒体——让产品自己会说话

有了"超级口号"和"超级符号"，我们还需要精心地培养。我们要用高品质的产品，在消费者间建立信任。

酱油等调味品产品的本质之一就是终端为王，要赢在终端。终端的本质是产品包装，产品包装的本质是创造一个能被一眼识别，受人喜爱，极具沟通力的产品。这是快速消费品在货架上竞争的一个生死点：被看见，被理解！我们要让产品自己会说话，让厨邦产品的包装在货架上自己把自己卖出去。所以，一定要给厨邦酱油设计"绿格子"包装最基本的一个理由就是，容易被看见，容易被记住，容易被传播。

对于厨邦来说，厨邦酱油主要有两个销售渠道：一个是大型的超市连锁，这大家都很熟悉；另外一个就是流通市场。流通市场更多地集中在菜市场、批发市场这样的地方。当我们深入了解这样两个环境时，发现这两个环境都非常嘈杂。比如菜市场里面小老板们卖调味品的门店所陈列的酱油，少则10种，多的甚至有20种。大超市就更不用说了，算上进口的可能有五六十种，上百种都有可能。

货架前的消费者是迷茫的，是善变的。那么如何刺激消费者购买我们的产品呢？

所以厨邦酱油的竞争环境是非常恶劣的。对于我们的产品，不存在"货架上就那么几种，你往那边一站，消费者就能看见你"这么好的条件。如果产品没有非常显著的特点，消费者找你就很困难。

大家都知道，消费者买一个东西，尤其是像厨邦酱油这样的快速消费品，他不是非买你不可，非吃你不行的。当他不容易找到你的时候，任何一个别的选择或者吃喝，都有可能把他拉过去。只有他心中有你，并且能看见你时，他才能快速找到你，并拿起你，这一单生意才能有机会成交。那么，在五六十种酱油瓶子里，消费者怎么能一眼看见你的产品呢？看见你的产品，又怎样能引起他们的兴趣和注意呢？所以说，如何在货架上第一时间让消费者看见，就成为了我们在产品包装工作上最重要的任务。

被大家看见，进而被大家理解；看到你，然后知道你是干吗的，还能产生一些美味的联想，这个工作是非常重要的。

既然确定了超级符号"绿格子"和超级口号"晒足180天，厨邦酱油美味鲜"，那就要开始思考怎么设计厨邦酱油的包装，也就是，怎么把我们的"绿格子"符号和我们的超级口号应用到实际产品中去。首先要考虑的就是"货架"。

45°斜线！ 45°斜线！ 45°斜线！

人在超市里是怎么走的呢？是在两排货架中间走。所以他不是正对着货架走，他的视线是45°角斜着往前看的。之所以说商场的端架很值钱，要花钱买陈列，就是因为人们看端架是正对着看的。厨邦酱油的包装设计，是用绿格子包着一个圆柱形瓶子，陈列一排之后，就在45°角视线上连成一片绿格子，给人强大的视觉冲击力，把普通货架陈列做出了端架的效果。这是在陈列优势上，厨邦包装设计的一个细节：45°角集中陈列面。

好了，现在消费者走到我们的货架前来了。这时候我们用什么迎接他们呢？前面谈过了超级符号"绿格子桌布"的力量，那么接下来就要说说华与华的另一个法宝"超级口号"，以及阅读顺序的艺术了。

消费者拿起产品之后会"怎么看"，就指导着我们怎么将产品包装打造为一个超级推销员。人们视线的流程是有规律的，这个流程是信息输入的过程，相应的还有购买者做出决策的过程。消费者最先看到的当然是瓶子中间的"肚子"，也就是产品名称——厨邦酱油。包装是卖货工具，也是战略资源。能把这资源发挥到何

▷ 有图有真相，晒足180天icon

▷ 厨邦新旧包装对比

▷ 包装侧面文案

有图有真相

1. 老传统都很笨，酱油就靠太阳晒
2. 晒足180天，晒出美味，晒出鲜

厨邦讲良心，产品更放心

1. 传承南派酱油老传统酿造工艺精髓，酱油就靠
   太阳晒，晒足180天
2. 日晒夜露，天然发酵，豉香扑鼻，味道鲜美
3. 精选颗粒饱满非转基因大豆
4. 率先采用全自动超洁灌装生产线
5. 独创5步品控法，从原料到成品，全程质检

种程度，完全看你在上面下的工夫。大多数的品牌，都把颈标当品牌区用，放个名字，放个LOGO就算了。其实它有更大的潜能。在颈标上，我们放上了我们的酱油大晒场，写上"有图有真相，晒足180天"。有图有真相寄生于具有强大生命力和亲和力的网络语言，向消费者发出购买邀请。

翻转瓶子至侧面，我们又重复一次"有图有真相，晒足180天"的超级口号，再次向消费者发出购买邀请。你看，我们的酱油真的都是晒足180天的，而且就在这里晒！

在2015年厨邦酱油瓶贴的基础上，经过六年的积累翻新，我们设计的酱油瓶贴，已经升级为能冲锋陷阵的超级卖货瓶贴。

2016年2月23日，在上海某超市走访时，我们发现厨邦酱油品类集中陈列少了点。忙着上货的厨邦业务主管解释："超市不让我们厨邦把几种酱油摆一起。""为啥？"一米八的汉子腼腆地答道："因为效果太好了。那样摆，顾客就看不到别家的酱油了。"

厨邦的成功，是厨邦决策力的成功

超级符号、超级口号和包装设计，都是华与华第一次给厨邦酱油提案的内容。当时厨邦所有的高管都在，还有一些中层的干部。我们向他们提出，要给厨邦做"绿格子桌布"的超级符号，并且要全面翻新现有产品的包装，结果是全场绝大多数人反对！华与华做过这么多次提案，很少碰到这样的情况。他们说，这样实在是太冒险了。原来的酱油瓶不是长这样的，变化这么大，先不说成本、时间的问题，消费者还认不认得？市场还能不能接受？这样的方案不是让厨邦这么多年的经营从头再来了吗？还有很多高管说要把包装发给经销商看，于是直接拍了照问经销商的意见。经销商也是全部反对：哪有这样全部翻新的？消费者要是不认，那我还卖不卖你们的产品了？

关于这个提案，我们讨论了一个上午，厨邦上至高管，下至经销商反应都特别激烈。厨邦的一些管理者甚至找来了他们最大的供应商，试图阻止这次战略。在僵持不下时，厨邦的超强决策力就显现了，厨邦只有两个人同意，就是董事长张卫华先生和常务副总经理张万庆先生。他们没有左顾右盼，逡巡不前，而是直观地、直觉地、本质地思考着这个问题——心无旁骛，不受干扰地思考着。他们在看完我们的提案以后就立刻拍板同意了："就这么做！"他们认为华与华的提案和思路没问题，超级口号和超级符号能够直接帮助厨邦重新塑造品牌形象，降低传播成本，提高传播效率。华与华的超级符号和超级口号，固然提供了厨邦一个新的想法和策略，但更重要的还是厨邦的超强决策力和执行力。可以说，厨邦的成功，是厨邦决策力的成功。

在和西贝及厨邦合作的过程中，我们都非常幸运，因为老板能"识货"。在华与华创作的类似西贝和厨邦这样级别的创意中，也有好多被扔进垃圾桶了。所以，每当有新客户来，向华杉称赞华与华的作品时，华杉都毫不领情地说："您夸我啥我都当没听见，等华与华给您做了方案，您也夸，那时候才是真夸。别到时候说'华老师，为什么您给别人做的都那么精彩，给我们做的就不行呢？'那咱俩就没法儿处了。"

其实不用等到今天。在我们提案后的第二年、第三年再去厨邦，所有人都在说华与华提出的那个绿格子太好了，因为一上到终端，经销商也好，消费者也好，马上发现了"超级符号"的优势。以前在超市里面，消费者很难发现厨邦酱油和其他品牌酱油的区别。现在，厨邦的产品变得非常显眼。而且厨邦全系列的产品全部铺上这个绿格子，我们就能在货架上占掉很大的一块区域。假如厨邦的酱油在一个货架上有五个品种，那这五瓶原来是各自为政的，形不成一个集团，没有冲击力。而现在，我们在每一瓶上都铺上明显的绿格子，就很自然地有了整体的力量。

当时我们还讨论过，要不要用不同颜色的格子来区分不同的产品。最后我们还是认定，要让格子的颜色都一样，这样才更有独特性、自明性，有识别力、沟通力，一目了然。

其实，区分产品对于消费者来讲不是那么重要。比如海鲜酱油和生抽，你只要在包装上写清品名，消费者自己就能分辨。重要的是要让消费者能在这么多品牌的酱油中看到厨邦酱油，看到了就能知道这些都是厨邦的产品，并认可它这个品牌。而不应该让格子的颜色不一样，让消费者觉得货架上这五个产品是不一样的，还指望消费者们会直奔海鲜酱油那里。这样会把厨邦这个品牌符号的力量稀释了。

区分产品只需要在固定的位置做固定的识别，方便我们的销售员、经销商，方便我们的消费者把这些产品分清楚。我只要告诉你，看右上角，看产品名，你就能把这个产品给分出来，不要搞错了就行。

我们为厨邦设计超级口号和超级符号，就是为了最大限度地形成排面，形成阵列感。这个对于销量和品牌的树立才是有价值的。

很多公司都十分热衷于把产品"分清楚"这件事情，其实这种认识没有从消费者的角度去思考。想象一下，如果厨邦的酱油在流通市场销售，可能在十列产品中，厨邦只能占两个列。而且，流通市场不像超市那样可以买排面，这里面没有排面，都是毫无章法的。你只能在里面放两瓶，而这两瓶如果还长得不一样，陈列的效果就更加被削弱了。所以我们坚持只用"绿格子"，现在大家看到厨邦所有的产品全线都包含绿格子。

"重复！重复！再重复！"让厨邦无处不在

超级符号、超级口号就是超级创意。我们通过超级符号和超级口号，帮助厨邦在众多的酱油类产品中脱颖而出，让消费者记住它、买它、愿意相信它。但是这种程度是远远不够的，华与华和厨邦都不会满足于一瓶"酱油"上的成功。我们有一个更远大的目标：要让厨邦在调味品，乃至食品市场都有话语权。

能够走到这一步，也多亏了厨邦能够信任我们，在这9年的时间内坚持使用"绿格子"，不断地深化品牌印象，积累品牌资产。正因为"重复，重复，再重复"，厨邦这个品牌的基础才能夯实。为厨邦设计超级口号和超级符号，确定包装和货架的具体落实计划只是我们的第一步。我们的第二步就是培养"超级口号"和"超级符号"，用它们推销具有同样价值的产品，形成品牌体系、产品群。我们要让这些产品同时出现在货架上，成为品类巨无霸。所以华与华制定了全新的发展战略：全线产品开发和全面媒体化。

● **全线产品战略引爆调味品市场**

在没有"全线产品"这个战略之前，厨邦想都没有想过它们还能卖食用油，也就是现在的厨邦100%纯玉米油和100%纯花生油。我们真正实现了"包上绿格子就能卖"的战略目标，并且在后面的9年里，我们也一直持续在做这些事情，不断帮厨邦丰富品类，开拓产品。

现在，厨邦鸡粉、鸡精、蚝油、食用油、酱料销量纷纷过亿，形成了五大过亿品类。以后还将会有六大、七大……

▷ 2010年，厨邦鸡精鸡粉系列

▷ 2011年，厨邦100%纯花生油

▷ 2012年，厨邦100%纯玉米油

▷ 2013年，厨邦纯酿酱油系列

▷ 2013年，厨邦佐餐酱系列

▷ 2013年，厨邦100%纯芝麻油

▷ 2015年，厨邦南海蚝罐头、厨邦豆豉鲮鱼罐头

▷ 2015年，厨邦五谷调和油

▷ 2015年，厨邦纯酿米醋系列

▷ 2015年，厨邦纯米醋

▷ 厨邦"绿格子"产品全家福

▷ 厨邦酱油工厂外立面、厨邦酱油晒罐

▷ 厨邦酱油生产线及运输出货口

▷ 厨邦酱油送货车及售卖点陈列

▷ 厨邦酱油圣诞促销活动堆头及超市户外路演活动

正如一位厨邦业务主管说的："做活动，别的品牌靠的是人，我们家靠的是产品。某酱油做店中店促销那会儿，上了60个人。而后来我们做全品类，只用上8个人！"

● **全面媒体化：利用好每一个能接触消费者的"点"**

我们要考虑如何让消费者接触到厨邦，促使他们购买厨邦的各种产品。因为酱油等调味品属于低毛利的产品类别。在媒介成本越来越高的现在，为了尽可能地降低成本，我们在有限投入广告的同时，还需要利用好厨邦现有的、能让消费者接触到的各种路径和通道，让"产品、渠道、终端"全面媒体化。

厨邦酱油通过对所有接触点的全面媒体化，让每一个能跟消费者接触的点，都达到了加强品牌符号的推广作用。简而言之，只要是和厨邦有关系的产品，渠道、终端、企业建筑、流动生产线上都要出现"绿格子"。我们要让绿格子随时随地被消费者看到，让消费者将绿格子和厨邦联系在一起。"全面媒体化"本身的传播成本是非常低的，效果却是潜移默化的，它可能比你在电视上投几次广告的效果更好。

厨邦案例的超级之处：品牌资产积累

在厨邦和华与华长达9年的合作中，我们在第一年就为厨邦打下了基础。所以，在接下来的8年时间，我们一方面围绕着一开始定好的战略往前推进，另一方面也不断帮助厨邦开发新产品。

十分感谢厨邦的超强决策力和执行力。只有厨邦愿意执行和信任华与华，我们才能共同创建出现在这个调味品王国。

最后，我们还有最重要的一个工作，那就是协助厨邦，一起维护好我们的品牌资产。

很多公司可能不是很清楚品牌资产积累的重要性。我们打个形象的比方：人就是一个公司最大的资产。公司之所以会花金钱和时间去培养、培训员工，是因为他们最终会将自己的所学和经验回报给公司。这些回报的最终体现形式可能是业绩、成果。而成长和学习是一个累积的过程。我相信没有一个公司会因为招入了新人，就把之前所有老员工的累积全盘否定掉。品牌资产的累积也是同样的道理。

一些企业会有各种各样的动作，想做这样的产品，想做那样的产品，想改改绿格子……各种想法都有。我们扮演的角色就是"制止"：不要干这个事情，办这个事情伤害我们的品牌资产，不利于我们的品牌资产积累。所以这是我们的一个很重要的角

▷ 再远再高都能看到"绿格子"户外高炮

▷ "绿格子"刻在企业大门上

▷ "绿格子"照亮员工回家的路

▷ "绿格子"休息下，明儿再战！

色。我们有大量的工作是在思考怎么重复现有的品牌资产，如"绿格子""晒足180天"。最重要的是，如何让品牌资产积累起来，不变形，不改动，不丢掉。

● 一战而定

一战而定，这就是华与华方法——用超级创意撬动企业战略。超级口号"晒足180天，厨邦酱油美味鲜"树立了厨邦实实在在的良心品牌形象，而"绿格子"的超级符号则为厨邦奠定了决定性的竞争优势，成为每天增值的品牌资产。就相当于给厨邦在银行里面开了一个户，这个户名就叫作"品牌"。第一年我们做了一个事情就是开户，剩下的时间在干什么呢？给它存钱。也就是往这个品牌资产上不断积累。其中就包括超级口号"晒足180天"的厨邦标准。这个标准现在已经成为了行业典范和同行膜拜、模仿的对象。"厨邦讲良心"则成为企业的经营哲学，为厨邦的产品开发坚定了方向。

而一战而定之所以重要，是因为可以让企业"不返工，少走弯路"。如果一开始开错户了，那你就要把之前所有的积累都推倒，再重新开始，那对品牌树立的打击是非常大的。一个品牌就是一个超级符号系统，培养超级符号越难，时间越长，积累的优势就越大。超级符号永远没有"成功"的那一天，因为企业永续经营，超级符号就持续积累。

● 持续服务

从2010年到2018年，华与华已经为厨邦服务了整整9年。正因为这9年的不断磨合和合作，华与华才能更加了解厨邦各阶段的情况，及时更新相应的策略。从产品开发创意、包装设计、广告与推广创意，到企业战略、品牌战略、品牌资产管理……我们同时还提供一个服务叫作"品牌资产审计"——用了类似于事务所的一个称号命名了它。所以厨邦初期的每一个产品都会经过我们，但并不一定每一个都由我们做设计——他们产品量大，我们不一定忙得过来。我们每年只干重要的。

从近10个亿到现在的50个亿，这个转变大概就是厨邦和华与华9年合作的成果。

持续服务的价值就在于：合作的时间越久，沟通的成本也就越低。

9年，厨邦将绿格子铺遍了中国大街小巷！这就是厨邦，凡事彻底，成就了一个大创意。

> 不要纠结于一个产品"定位"。
> 营销内容会过时，产品会更新换代，只有符号体系是永恒的。
> 符号是占领心智的，比实物更有生命力。

9年恍若弹指之间，厨邦和华与华第一次开始合作的场景还历历在目。这9年，华与华秉持着"凡事彻底"的企业文化，持续为厨邦服务，输出我们的战略和创意。我们十分感谢厨邦的鼎力支持和超强决策力、执行力。看着厨邦一步步发展成为现在的调味品王国，我们感到十分荣幸。

能为厨邦服务，是我们的福气。

2016年，厨邦项目获得华与华第二届100万元创意大奖赛第三名。

三品王

许永智／刘群越

三品王
华与华方法快餐行业标杆案例

2017年12月16日,广西三品王原汤牛肉粉第100家门店盛大开业。在开业盛典上,三品王全新品牌形象震撼亮相。三品王总裁杜宗锴先生宣布,接下来的所有老店形象升级都以第100家门店为样板。

今天,三品王有了第100家店,未来还会有第1000家店,第10 000家店。三品王要走出广西,走向全国,开遍世界。

早在2017年10月,三品王已经在一家十几年的老店做了新形象的落地试点。当时,杜总要求那家老店100%按照华与华的创意和设计进行施工。全新升级后,11月门店的营业额比去年同期增长了足足25%。一个月后,这个数字变成了35%。

三品王2018年的门店营业额增长目标是5%。而落地新形象后，门店营业额竟然能够达到目标增长率的7倍，这是三品王和我们一开始都没有想到的。根据三品王提供的信息，三品王嘉园店至今保持着35%的同比增长率；另外一家落地了新形象的社区店从2018年1月至今，也保持着40%的同比增长率，远高于三品王的增长目标和米粉市场的平均增长率。

这时候我们终于敢拍着胸脯说："我们为三品王创造了奇迹！"

▷ 三品王嘉园店升级前后的对比图

三品王原汤牛肉粉——米粉红海中的外来物种

中国有三大连锁餐饮巨头：沙县小吃、兰州拉面、桂林米粉。其中的米粉是中国南方地区非常流行的美食。

湖南有常德牛肉粉，贵州有贵州牛肉粉和贵州羊肉粉，云南有和米粉极为相似的米线。而米粉竞争最激烈的地方，绝对是中国广西。

据广西壮族自治区商务厅的不完全统计，2016年广西14个市有超过5万家米粉店，一天营业额保守估计有2亿元，一年仅米粉收入就是730亿元。

在这片红海市场中，竞争最激烈的城市非广西的省会南宁莫属。有数据显示，目前南宁米粉日产量已达30多万公斤，年产量超过1亿公斤。如果以每碗米粉3两计算，南宁市每年要卖出6亿多碗米粉。

广西米粉种类繁多，老友粉、桂林米粉、螺蛳粉、生榨米粉……各种米粉店遍布南宁大街小巷，很多地区几乎达到了五步一铺，十步一店的地步。

在这片红海中，三品王原汤牛肉粉算是个彻底的外来物种，因为其做法实际上源自贵州牛肉粉，并不是广西人普遍能够接受的口味。

主打本地口味的本地米粉品牌想要在这片红海中脱颖而出尚且困难，外地口味就更是困难了。

那么，三品王又是怎么做的呢？

从降维打击到发展拐点

1999年，贵州人杜宗锴开始在南宁创业，创立了三品王原汤牛肉粉。

在经营三品王的前五年，杜宗锴就立下了把门店开遍全球的伟大志向，并于2004年在公司内部开始了"学麦强三"运动。"学麦强三"，即学习麦当劳，强大三品王。从2004年开始，杜总招募了很多麦当劳的员工，依照麦当劳的空间形象，设计三品王的门店。

在那时，南宁基本没有什么知名米粉品牌，绝大多数米粉店都是街边小店和路边摊的形式。三品王全新门店的亮相，为广西人民提供了"坐在麦当劳里吃米粉"的高端体验。这对于米粉红海里的其他品牌，无异于一种"降维打击"。于是，在短短几年的时间里，三品王成了广西米粉第一品牌。

2010年，三品王和菲律宾快乐蜂集团[1]签订了股权转让协议，出让55%的股

---

1 快乐蜂集团：Jollibee。菲律宾跨国企业，主营连锁快餐业，提供热狗、汉堡和炸鸡等传统西式快餐。

份，接入了国际化的管理体系和先进的餐饮运营经验，开始进入新的发展阶段。

2013—2015年，随着消费升级，越来越多的米粉连锁品牌出现在南宁。三品王的领先优势越来越弱，和其他品牌的区别也不再明显。虽然有快乐蜂的支持，但由于快乐蜂远在菲律宾，沟通成本高，且快乐蜂在中国的投资重点在永和大王[1]上，三品王得到的支持并没有理想中那么多。

在快乐蜂支持不足的情况下，三品王还要面对竞争越发激烈的市场，以及自身的品牌老化问题。三品王的发展到了新的拐点。

新蓝图

2016年，思虑再三的杜宗锴终于下定决心，以3倍的价格买回之前出让的55%股份，重新掌握公司的经营权。三品王也从中外合资企业变成了中国独资企业。

要下这个决心并不容易，以3倍价格拿回55%的股份，让平日里从不缺钱的杜宗锴也犯了难。杜宗锴为此砸锅卖铁，抵押房产，相当于"再次创业"。

2017年，三品王未来发展的新蓝图，已在杜宗锴面前徐徐展开。

永远关注中小企业，做造王者

在2017年5月，三品王和华与华开始正式合作。此时三品王年营业额近2亿元，这在华与华的所有客户中属于规模较小的。

不同于其他营销咨询公司，华与华的经营理念是，永远关注中小企业，做"造

---

1 永和大王是快乐蜂的子公司。

王者"。我们最在乎的，不是客户现在的规模有多大，而是客户是不是在我们这里成长起来的。

华与华永远长着一双发掘和培育未来领袖企业的慧眼。我们不是和国王一起散步，而是和未来的国王一起散步，做"造王者"。

这样的经营理念，也是出于我们对企业发展规律的洞察：万事万物都是由小到大，由生到死，企业也分成生成之物和既成之物。

到了腾飞点，企业经过积累，开始大规模发展。

到了鞍点，企业依然保持发展，但发展速率不再增长；到了切点，斜率降低，企业发展的增速明显放缓；到了拐点，是企业发展的转折点，很有可能是走向没落的前夜；而从最高点下降20%，叫失速点。到了失速点的企业，基本上没救了。

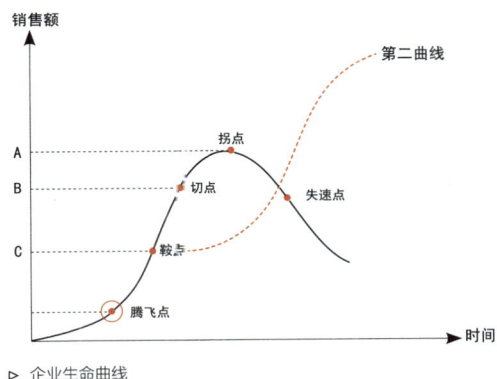

▷ 企业生命曲线

处于腾飞点的中小企业，是华与华非常愿意合作的客户。而对于规模大的企业，我们谋求的是和客户一起打造企业生命的第二曲线，寻找新的腾飞点。

三品王是最具代表性的中小企业，正处于企业的腾飞点，也正是华与华特别愿意服务的客户类型之一。

竞争激烈，利润低，抬价难——没有奇迹就玩不下去

现在让我们来看看，三品王的真实状况是怎样的。

发展到2017年的三品王，营业收入仅仅2亿元，门店数只有70家左右。

三品王的拳头产品——一碗原汤牛肉粉的价格只有8.5元。而这一碗粉里，有9块新西兰进口牛肉，分量十足；汤是用牛肉熬足2小时的原汤，熬好后从中央工厂直接配送到门店的。

这样的产品，采取如此实惠的定价是因为，杜总希望能为更多消费者提供优质的牛肉粉，让消费者能够像消费可口可乐（买得到，买得起，乐得买）一样，消费三品王。

同时，整个广西的经济环境，米粉行业的激烈竞争，也是价格难以上涨的因素之一。尤其值得一提的是，三品王是一家财务非常规范的公司，他们甚至连采购的每一根葱都纳税。

当杜总找到我们的时候，三品王所处的市场竞争之激烈，利润之微薄，都让我们非常震惊。杜总几乎拿出了利润的三分之一，来给华与华交咨询费，这个魄力是非常难得的。

客户的期望越高，我们的压力越大。在服务三品王的过程中，我们很清楚地认识到：这个项目没有奇迹就玩不下去。

华与华的品牌资产观

先说说华与华的"品牌资产观"。

生意要好做，就要顾客源源不绝地愿意来。顾客愿意来，总是有一些理由的，

总有一些他们知道的，关于我们的事儿，这些事儿让他们愿意来。我们把这些事儿，称为企业的品牌资产。

因为顾客知道我们的这些事儿，所以他们愿意来。这就给我们带来了效益；因为顾客知道这些事儿，他们乐于讨论，这就替我们进行了传播，同样也给我们带来效益。

那么，什么是华与华的品牌资产观呢？就是我们的所有动作，都要为已有的品牌资产保值、增值，或者形成新的品牌资产。能形成品牌资产的，就是有效动作，不能形成品牌资产的，就是废动作。而如果是废动作就要排除，因为减少动作是运营管理的核心。

对于华与华的每一个客户，我们首先会对其进行品牌资产审计和排序，找到其品牌资产，按照优先级排好先后次序。

那么三品王的品牌资产是什么呢？

第一个品牌资产，就是"三品王"这三个字。
第二个品牌资产，是三品王的拳头产品"原汤牛肉粉"。
第三个品牌资产，是"黄色"。看到黄色的招牌，顾客就知道这是三品王，在大街上也非常显眼。

▷ 三品王原LOGO

那么，三品王的旧LOGO是不是品牌资产呢？很明显并不是，因为它没有自明性。

当你看到这个LOGO的时候，你不知道它是什么意思。它没有揭示三品王的价值，没有和它的拳头产品产生联系，也不能让人产生"这是一家快餐店"的联想。最关键的是，它无法被描述。无法被描述，那就无法被传播。

因此，三品王的LOGO是我们首先要解决的问题。这就涉及华与华的品牌成本论：品牌要降低企业的营销成本和消费者的选择成本。

如果一个品牌的LOGO特别难记，那么它不仅无法降低企业的营销成本和消费者的选择成本，反而将其抬高了。所以我们要拿掉三品王现有的LOGO，为三品王打造超级符号，运用超级符号降低三品王的营销成本。

超级符号是牛吗

三品王的拳头产品是原汤牛肉粉。所以，我们一下子想到，应该为三品王做一个牛的形象作为LOGO。

不过，这个牛究竟是怎样的一头牛？他有什么独特之处？他和三品王的品牌以及拳头产品应该是什么关系？

基于这个策略方向，我们展开了大量找参考的工作，在动画片中找牛，在日本吉祥物中找牛，在美国棒球队的吉祥物中找牛，甚至开始找和牛相似的生物，比如鹿、羊……

在有了初步的参考范围之后，我们有了第一个创意。

这是一个可以传播的符号，你很容易描述它：一个牛头上顶着一个碗，额头上写着"王"，这是一个叫作"三品王"的牌子，卖的是牛肉粉。

但是这个符号的问题是，它还是太复杂了！因此，经过几轮插画师的修改，我们放弃了这个方向。

随着研究的深入，我们发现了一个牛和碗更巧妙的结合方式：把牛的身体做成碗的形状。这就变成了一头"身体是碗的牛"。

有了这个非常具体的创意参考，我们的设计师和插画师马上开始了紧张的工作，先后画了无数只"碗牛"。在梳理了三品王的企业资源和禀赋之后，又设计了很多形象，并在这些形象的基础上，延伸了一些相关动作。随后，我们又将大家选的方案与"碗牛"的方案进行了结合，尝试了更多的方向。

然而，尽管在"牛和碗"的创意上，我们尝试了很多种方向，但是最终还是觉得牛这个形象过于复杂，不能作为超级符号在门头上使用。

更多形象就不放上来了

超级符号是"喝汤"吗

在创作超级符号的过程中，我们也一直在思索三品王的超级话语应该是什么。

首先，品牌超级话语应该是一句让顾客听了就想行动的话语，要是一句朗朗上口的俗话套话，要尽量押韵，创造语感，从而快速突破消费者的心理防线。

餐饮行业的广告语，最好能够直接刺激食欲，让人听了就想吃，听了就想流口水。要达到这个标准特别特别难。不过，我们有一个诀窍，那就是"找原话"。我们要找到消费者口口相传的"原话"，找到企业内流传已久的原话。

我们在走访的时候，听到三品王的杜总说过："三品王味道稳定，主要是因为汤很特别。汤是牛肉粉的灵魂。我们也调查过，大概有50%的消费者会把我们的汤都喝光。"

餐饮的核心价值就是好吃，好吃的标准是吃光，而比吃光更高的标准是好吃到连汤都喝光了。三品王的产品达到了这个标准。

创意超级话语，先要找出它的核心价值。于是，我们就把"汤"作为整个策略的切入点。找到了这个关键价值，但是这句话要怎么说出来，才能表达这个汤很好喝呢？

我们先是想到了很多跟"汤"相关的广告语，比如，"三两牛肉一碗汤，原汤煮粉才够香"，以及"好汤好肉三品王，一滴不剩喝光光"。其实这些都是及格的句子，可是它不够超级，语感不够，力量感也不够。

在有了核心价值，有了核心词语之后，我们还需要找到一个超级句式，这句话得是一个祈使句，要能直接打动消费者去购买。

最终，我们找到了能够简洁直观地把三品王产品的核心价值阐述出来的一句话——杜总提到的"把汤喝光"。

把汤喝光

于是，我们就用超级句式创意出了一句超级话语——每天都吃三品王，每次都把汤喝光。"把汤喝光"，一句话就下了购买指令，传递了购买理由。

每天都吃三品王
每次都把汤喝光

　　这里要另外说一下快餐和正餐的区别。正餐的菜品较多，很多正餐品牌的超级话语，不能用某一个产品来概括。比如西贝莜面村的"闭着眼睛点，道道都好吃"。但是快餐的产品相对单一，拳头产品相对其他产品较为突出，因此可以从拳头产品的核心价值中来提炼超级话语。

　　三品王是一个快餐品牌，又是广西人一天吃3次都不腻的米粉，因此"每天都吃三品王"就成为了一个非常明确的购买指令，而"每次都把汤喝光"，又强调了我们产品的价值，同时也是向消费者下达了行动指令。

　　"每天都吃三品王，每次都把汤喝光"，既传达了产品价值，又向消费者下达了购买指令和行动指令，同时是一句非常押韵的口语套话。在创作出这句话后，我们都兴奋不已。

▷ "把汤喝光"尝试稿

　　有了"把汤喝光"这个超级指令，我们开始往"喝汤"的创意方向研究三品王的超级符号。

　　在这个创意的方向上，我们做了很多尝试。在此基础上，又尝试了非常多的门头方案。

▷ 三品王旧门店

最终，每一个方向都被我们否决了，因为我们觉得"喝汤"这个方向还是过于复杂了，不能够对三品王起到决定性的帮助。

超级符号，占三为王

在这些方向上折腾了无数过程稿之后，我们的超级符号又回归到了"牛"这个方向。可是，我们依然没有一个合适的方案，能够让牛足够简单又足够有特色，放在门头上又能足够显眼。

眼看着提案日期临近，我们的压力越来越大。

在一个焦虑的下午，我们一群人坐在会议室，讨论着过去被否决掉的创意方向。我们决定再次重温三品王的企业资料。在研究的过程中，我们突然发现，三品王这个品牌与生俱来的戏剧性，既不是"王"，也不是"品"，而是"三"！

三品王的企业文化里有"天、地、人"的精神；三品王的原汤牛肉粉有三个步骤"品汤、品肉、品粉"；三品王对自己有"品质、品牌、品行"的要求……"三"才是三品王最重要的品牌印记。

当你每时每刻都站在客户的立场上思考问题，当你时时刻刻都在想如何帮助客户解决问题，答案就会在某一瞬间向你走来！

在想到这个方向后，我们直接把"三"拉长，做成了三条杠。

这是三品王这个项目决定性的转折点。三条杠可以看作是三品王的花边，但是如何占住三条杠，让三条杠和三品王做结合呢？我们想到了餐饮行业的代表性符号"碗"。

碗既是大家平时会用到的餐具，具有公共符号的属性，又是餐饮的象征，让人一看就知道这是一家餐饮店。同时，碗也是三品王的拳头产品——原汤牛肉粉的容器，和三品王有直接的相关性。

把"三"和"碗"做结合，就是把两个大家都极为熟悉的符号，做一个新的组合，形成一个可以注册的符号。这个符号可以被记住，可以被传播，简洁有力，更能够和三条杠形成组合，一起注册！

这就实现了"占三为王"。

就像麦当劳占住了金色拱门M；7-11占住了数字7。三品王如果能够占住数字三，就有了成为全球知名品牌的潜力，就有了成为米粉王者的入场券！到了这里，我们的方案终于敲定。

当然，让我们如此确信这就是最佳方案的原因，是它在门头上非常好用。这个方案的精髓在于，三条杠无限延伸，在门头上应用时就会形成战略花边。

我们做的一切都是为了提升购买率

在上面一部分，我们已经确定了三品王的超级话语是"每天都吃三品王，每次都把汤喝光"；超级符号是"碗三"；超级花边是"三条杠"。超级符号和超级话语组成了三品王的超级符号系统。有了超级符号系统，三品王的营销成本将会大大降低。那么，如何将这套系统应用到门头上，才能最大限度地发挥我们的价值呢？

在实际做设计的一开始，我们就明确了两个标准。

标准一：这套系统的应用一定要最大限度地提升购买率。每一个符号的应用，每一个细节的设计，都要考虑是否能够吸引路过的消费者进店购买。如果这个设计相对于三品王现有的门头没有优化，没有改善，那么就是无效的。

标准二：这套应用一定要最大限度地降低成本。三品王的利润有限，如果新的方案虽然能带来销售额的增长，却是以大规模改造原方案为代价的话，那么这也不是一个最优方案。最优方案一定要在三品王能够承受的门头更换成本范围里。

所以，在我们进行应用设计的时候，考虑到了以下这么几个关键词。

关键词一：要放大

如果你观察过麦当劳，会发现麦当劳的金色拱门"M"在门头上应用的时候是非常显眼的。

道理很简单，LOGO放得越大，你从远处走过来就能越早发现它。发现了LOGO，就发现了品牌，发现了品牌，就有可能产生消费。

所以，放大LOGO就提高了消费者购买的概率。

关键词二：要拉长

如果你观察过全家、罗森、7-11便利店的门头，你会发现他们的门头都有彩条，从LOGO两侧延伸出去。每一个知名便利店品牌都有其独特的花边。

如果你把街道看作货架，那么门店就是货架上的商品。对三品王而言，门店不仅要和米粉店竞争，还要和盖浇饭的门店竞争，要和银行竞争，要和超市竞争。如果能够把花边应用好，就能够在街道的门店中迅速出挑，成为消费者的视觉中心。

品牌为什么需要一个超级花边呢？

超级花边最大的妙处在于，它能够在第一时间引起消费者的注意，最快速地与消费者建立连接，就像7-11、罗森、全家这些便利店的招牌。

超级花边不是装饰，而是强势的视觉战略，这种形式的视觉冲击力更强势，我们称之为"视觉强制性"。它能把路人的目光抓过来，获得无与伦比的视觉优势。

除了视觉优势之外，超级花边更有心理优势。这种具线条性、准确性、同一性的可重复的形象，能够创造出一种盛大的仪式感，就像国庆节的阅兵仪式一样，能释放出一种巨大的心理和社会能量。这是巨大的"视觉权力"。

超级花边，涉及人类学、社会学、心理学、符号学、传播学、媒介环境学等多个学科，有着很多的门道，也可以说是视觉的帝王学。

关键词三：动起来

我们所做的一切关于门店外立面的工作，都是为了提高门店被看到、被发现的概率。

那么怎么让门店动起来呢？答案是，门店没法动起来。

但是——我们可以在门店的招牌下方安装LED灯，让灯闪起来。当LED灯亮起的时候，"每天都吃三品王，每次都把汤喝光"就开始不断地闪过三品王的门头。就像银行、中国移动的门头经常会看到的LED灯一样。

相对于静止的事物，动起来的事物更能吸引消费者的目光。尤其是LED灯上滚动播放着"每天都吃三品王，每次都把汤喝光"时，不仅能让消费者注意到三品王，还能在瞬间传达三品王的价值。也就是说，在被看见的同时，被理解，被接收。这就进一步提高了消费者进店吃米粉的概率。

关键词四：上侧招

侧招是对消费者进行侧面拦截的有效手段。

设想一下，走在大街上，你能看到对面的招牌，但是对于自己头顶上的招牌，一般是注意不到的。但如果有侧招，你不需要从正面看到招牌，也知道前面的商家是谁。就连星巴克、麦当劳这种全球性品牌也有很多门店使用侧招。

关键词五：改字体

所有大众的品牌，其设计都是去风格化的。

以前的"三品王"三个字，是陈氏魏碑书法体。这是一种中国风非常明显的字体。为了去风格化，我们重新设计了三品王的字体。这和肯德基、麦当劳、汉堡王设计去风格化的道理是一样的。

将以上的设计全部应用在三品王的外立面，就产生了巨大的"杀伤力"。

没有上LED灯和侧招的门店门头较窄，花边的价值没有最大限度地展现出来，即便如此，在街对面看过去已经非常显眼。

而三品王的第100家店（图见第153页）上了LED灯和侧招，招牌够长，现场效果比图中所示要好10倍！

打造越活越年轻的品牌角色

品牌角色是什么呢？就是大家说的品牌吉祥物。不过，华与华不用吉祥物这个词。

任何一个品牌工具都可以成为战略工具，成为主力部队，就看你怎么用它。《广告时代》杂志曾经评选出美国二十世纪十大品牌形象：万宝路牛仔、麦当劳叔叔、贝蒂、劲量兔子、皮尔斯伯里面团娃娃、奶牛埃尔西、米其林轮胎人、杰迈玛姑妈、绿色巨人乔利、老虎托尼。

这些品牌形象，华与华称之为品牌角色。品牌角色是品牌自己创造的品牌代言人，因为它并不只是"代言"，它就是品牌本身，所以我们或许可以把它们称为品牌主人、品牌发言人。

有了自己的品牌角色，就有了一个可以长期重复投资积累的品牌资产。因为它没有生老病死，只会与时俱进，越活越年轻。

一个成功的卡通形象，本身就是一个超级IP、一个商业帝国。比如米老鼠、唐老鸭、小黄人……如果我们能给品牌创作这样一个卡通形象，那就是百年基业。

今天，我们也为三品王创作了一个品牌角色形象：三品王三牛哥。

当然了，三牛哥不是一开始就长这样子的。品牌角色的创作是一个漫长而艰难的过程。在第一次提案的时候，我们经过大量的创作，已经提供了一个方案。

这是一个合格的形象，但在实际使用过程中有一些不方便。另外，这个形象的文化原型不够强。我们相信，还会有更适合三品王的方案。于是，在第一次提案之后，我们向三品王的杜总提出，希望能够对牛的形象进行优化提升。

要想让品牌角色成为世界级IP，一定要首先找到文化原型。搜遍了全世界的牛，结合三品王的超级符号，我们找到了维京[1]战士的文化原型。

有了创意，还需要插画师的手艺。为此，我们专门组织了公司内部全体插画师，对三品王的超级角色进行创作。

最终，经过将近半年的创作和打磨，经过了无数方向的尝试，三品王的超级角色终于诞生了！

▷ 三牛哥的早期设计   ▷ 维京战士形象   ▷ 优化提升后的三牛哥

▷ 三牛哥过程稿及牛的形象参考

我们把三品王的"碗"倒扣过来，加上"牛角"，让它变成维京战士的头盔；头盔上印着三品王的超级符号和超级花边，看起来非常独特、可爱、有冲击力；眼

---

1 维京人（Viking），泛指北欧海盗。他们从公元8世纪到11世纪一直侵扰欧洲沿海和英国岛屿，其足迹遍及从欧洲大陆至北极广阔疆域，欧洲这一时期被称为"维京时期"（Viking Age）。

神呆萌，故意遮住眼睛上部，我们的设计让这双眼更有吸引力，对全年龄段客户无差别秒杀。

另外，它那顶用碗做成的牛角帽，每个服务员都可以戴一顶。餐饮行业的一个特点是，有人服务。于是，一进三品王的店，你会发现收银员、服务员都戴着这顶帽子，而人最显眼的地方本身就在头上，戴了牛角帽之后，帽子就成了焦点。

产品＝购买理由＋使用体验

● 菜单

对于三品王而言，不仅牛肉粉是它的产品，门店也是它的产品。优化三品王的门店体验，也是我们工作的重中之重。

对于正餐品牌而言，消费者会先坐到桌子上，由服务员拿着菜单来给你点餐。但对于快餐品牌而言，消费者是先点菜，后坐下来吃的。

同时，正餐的客单价高，而快餐的客单价低，所以快餐的翻台率一定要高于正餐，甚至高出很多倍才能赚到钱。这就意味着：消费者点餐要快，三品王出餐要快，消费者用餐要快，还要成为三品王的回头客。这样才能成为一个良性的循环。

点餐最重要的就是菜单。

这是三品王原来的菜单。

可以看出，字很小，价格也不明显，没有明显的引导消费者购买逻辑的设计。甚至，我们认为每道菜的名字也都需要进行调整。

三品王的食材和工艺都很好，远超广西市场上的其他米粉品牌，但消费者并不知道。如何让消费者明白呢？所有的机关都在菜单上。这是我们更新过后的菜单。

设计菜单，就是设计消费者的阅读顺序和选择逻辑。

首先，我们把菜单按照品种进行划分：第一屏全是招牌原汤牛肉粉；第二屏是广西特色米粉；第三屏是小吃和饮品。

接下来，每一块屏幕中都有重点推荐的菜品。由于消费者的阅读顺序是从上到下，从左到右，所以一般把最重要的产品放在左边，而且把它放大。

然后，通过放大产品名和价格，降低消费者的阅读成本，再把每道菜的购买理由做成icon，帮助消费者做出购买决策。

同时，把套餐的价格放大，单点的价格缩小，引导消费者选择毛利更高的套餐产品，提高客单价。

另外，值得一提的是，这三块屏幕我们用了不一样的颜色，为的就是能够加快消费者的阅读速度。加快了消费者的阅读速度，就加快了消费者的购买速度。

这是一张实景拍摄的菜单。可以看到一共三块屏幕，中间放"招牌原汤"系列，左右分别放小菜和地方特色系列，为的就是让消费者首先能够看到原汤牛肉粉，选择我们的拳头产品。

● 海报

除了加快消费者的选择逻辑，整个用餐体验也是非常重要的。

三品王的肉、粉和汤都很好，怎么让消费者知道呢？我们在三品王的门店里挂了三张海报。

　　先品粉，会呼吸的鲜米粉，有毛孔，更入味。
　　再品肉，100%新西兰进口牛肉。
　　三品汤，熬足2小时牛肉原汤！

　　三张生动的画面相结合，既是对于三品王产品品质的强调，也是一个面向消费者的食用指南。消费者喜欢被引导，因为这样能够降低他们的决策成本。

　　在空间允许的情况下，这三张海报要一起呈现在点单区的旁边，消费者等待点餐的时候，可以近距离看到这三张海报，对三品王的好食材留下深刻的印象。

当消费者入座，开始吃粉的时候，餐厅墙面上还有一排可爱的墙画。画面上所有的角色都在把汤喝光。虽然都挡住了脸，但是都能看出来究竟是谁在喝汤。

墙画既是"把汤喝光"的直接呈现，也是引导消费者把汤喝光的形象化方式。有了这样的墙画之后，三品王的餐厅显得时尚多了，和消费者之间产生了更多的互动。

有了"把汤喝光"之后，大家都开始"把汤喝光"了。

没有执行，一切都等于零

对于三品王这个项目，华与华董事长华杉说："华与华客户里有一些'纠结帝''犹豫王'，合作几年，一套方案还执行不到一半，成效不彰，弄得食之无味，弃之可惜。或者自己总要上来再改一改，一根支撑伟大事业的栋梁，非要削成牙签采用，得不偿失。

"三品王是我们合作非常顺畅的一个客户：照单全收，彻底执行，一战而定，一举而竟全功。三品王能不能成为当年的最佳案例不知道，但肯定是当年的最佳客户。"

华与华有这样的一句话：没有创意，策略等于零；没有手艺，创意也等于零；

而没有执行，一切重归于零。

这整套方案能够有如此显著的效果，与三品王优秀的产品品质、多年积累的管理和运营能力、三品王杜宗锴先生的判断，以及三品王强大的执行能力是密不可分的。

可以说，在整个合作过程中，华与华和三品王一天都没有浪费。华与华全力以赴做创意，三品王全力以赴地百分之百执行创意，不放过任何一个细节。

华与华做的全部设计最终都无一例外得到了实施，没有一个无效动作。华与华董事长华杉评价说："三品王执行力超强，一个未来的超级明星升起在地平线！"

一切增长都是投资拉动

很多企业做了很多策划方案，但是不舍得投资。投资一个是在制作上花钱，一个是在广告投放上花钱。

没有创意，策略等于零；没有手艺，创意等于零；没有执行，手艺等于零；没有投资，最后还是等于零。

只有投资能拉动增长，投资还能加速增长。

广告就是投资，一切都是投资拉动。艺高人胆大，确定了品牌顶层设计，剩下的就是大胆地投资。

在最开始做高层访谈的时候，三品王的总经理唐开良曾经跟我们说过，以前他也考虑过投广告，但是不知道应该投什么样的内容。

在我们服务三品王的过程中，主海报的创作也被我们列为一项重点工作。很多年没有投放大众广告的三品王，一口气在南宁一个城市投放了23辆公交车，开始了正确的积累，开启三品王全新的篇章。

标准化新开始，明日全球三品王

在三品王品牌顶层设计确定后，三品王来到了一个大规模发展的新起点，也就是前面讲过的腾飞点前夕。

从2018年开始，三品王的发展速度将更快，开店更多，开到外省，开到全国，甚至开遍全球。

三品王亟须提高标准化程度。门店标准化、品牌传播标准化、产品标准化……

这个时候他们最需要的是一套标准化手册。而标准化手册，首先从品牌VI开始。我们提出，要为三品王打造一本"人人看得懂，拿来就能用"的VI手册。

闭门造车的VI手册毫无意义

很多人都听说过VI手册，但除了设计师，似乎没有人对VI手册有过更深入的了解。我们先来看一下网络上对VI的解释：

"VI全称Visual Identity，即企业VI视觉设计，通译为视觉识别系统。设计到位、实施科学的视觉识别系统，是传播企业经营理念、建立企业知名度、塑造企业形象的快速便捷之途。"

——来自百度百科

你有没有想过，为什么很多人听过VI手册，见过VI手册，但都没有对VI手册有过深入了解呢？因为绝大部分VI手册，都是设计师根据提案，在电脑前"闭门造车"延展出来的，最终会形成一本巨大又厚重的册子。

当这本手册被交给客户的时候，它事实上就已经"死"了。

首先，设计师们不会用它。设计师们更习惯于打开电脑里的源文件，直接开始做设计。而设计师之外的人，光是看到那本厚重的册子，就很难有打开的欲望。就算鼓起勇气打开了VI手册，你也会发现，你基本看不懂手册的内容。

更关键的是，这本VI手册还没有经历过事实的验证。实践是检验真理的唯一标准，现场是检验VI的唯一标准。一本电脑前凭想象造出来的VI手册，对品牌的运营工作毫无指导价值。

VI的本质是一套品牌"宪法"。它帮助企业确立品牌的核心使用原则，指导品牌的工作，督促企业不犯原则性错误。每个企业都需要管理品牌的"宪法"，这套"宪法"将保护、增值、无损耗地复制品牌资产，确保品牌资产不流失。如果这套"宪法"没人使用，没人遵守，那它就相当于已经死了。

VI要从现场中来，到现场中去

在华与华，每当我们完成一次提案，首先要做的不是制作VI手册，而是将提案的方案尽快落地。

在落地的过程中，我们通过每一张海报、每一页传单、每一件衣服、每一个店招，探索最适合品牌的运用规则。通过大量的实践，我们从中能够总结出一套品牌的核心应用法则，形成一套真正能够指导品牌工作的VI手册。

最终，我们确定为三品王打造四本手册：品牌VI手册、门店终端应用手册、传播系统应用手册、办公商务应用手册。这四本手册，统称为三品王标准化手册。

使用标准化手册的三个情境

● 工程部门

三品王的飞速发展离不开高速开店。它每一处门店所处的地点、环境、管理限制（城管、商场等）不同，外立面的尺寸、门店的面积、店内的格局也各不相同。这就需要我们将之模块化、标准化，根据实际情况，在品牌宪法的框架下，进行模块组合。

在对三品王工程部负责人采访的过程中我们了解到，三品王不论直营店还是加盟店，都由工程部门负责跟进和落地。在落地过程中，从招牌尺寸，到门店空间的材质，再到店内空间的设计，都需要工程部负责人随时随地拿着标准化手册，在现场监督、确认。

● 品牌采购部

三品王的品牌传播活动频率高，种类也多。品牌部需要设计大量的物料，而采购部需要找很多供应商打样、制作。

当设计工作完成，整个营销活动只能算是完成了一半，接下来采购部的负责人必须找到合适的供应商打样、制作。很多时候采购部的人也需要到现场跟进。

不论是设计师、品牌部负责人，还是采购部都需要标准化手册。他们需要在电脑上、在供应商处、在门店现场随时检验营销物料的出品品质，这才能保证营销推广活动的顺利展开。

● 加盟商

三品王作为连锁快餐，有直营和加盟两种开店方式。三品王的加盟商，都是经过层层筛选和考验选出来的。他们对餐厅投入了时间和钱，负责餐厅的日常经营管理，对餐厅的每件事都一丝不苟。

在餐厅准备阶段和开业之后的运营阶段，加盟商会对餐厅的装修、开业物料、优惠活动都有所投入，拥有非常强的主观能动性。他们每个人都需要标准化手册，来检验每一项与餐厅有关的设计和物料。

除了上述这三个主要的使用者和使用场景，公司里的每一个员工，也都有责任和义务，了解如何正确使用品牌形象，保护品牌资产不流失。

四个维度降低标准化手册的使用成本

刚刚已经说过，市场上的绝大部分VI手册，都是厚重的册子，让人看到就没有打开的欲望，平时也没办法携带VI手册去跟踪物料打样。而VI手册的内容又是只有设计师才看得懂的语言，很多没有品牌和设计知识的人难以理解。因此市场上的绝大部分VI手册都无法指导我们的品牌工作。

那么，三品王的标准化手册，如何能够做到"人人看得懂，拿来就能用"呢？我们从四个维度出发，降低三品王标准化手册的使用成本。

1. 工艺上，不能贵——制作印刷成本要低

只有降低制作成本，才能大规模制作，分发给企业的各个部门以及加盟商看。人手一册，人人都能监督。

装订：采用骑马钉，方便翻阅。
封面：采用157g铜版纸，覆亚膜，耐用，防溅湿。
内页：采用128g铜版纸，制作成本低。

2. 携带上，要方便——大小薄厚要合适

标准化手册要轻薄，大小正好能够塞到公文包里携带。这样采购部才能带着手册到供应商处跟进，加盟商也能带着手册在门店现场确认落地效果。

大小：采用180mmx230mm尺寸，与笔记本大小相仿，方便放在包里携带。

内页：采用128g铜版纸，更轻薄。

3. 使用上，好查找——挑选所需快又准

不同部门需要的手册不一样，每个人在使用的过程中，也需要迅速找到当下需要的内容，提高效率。

分类：我们把标准化手册分成四册，品牌VI手册、门店终端应用手册、传播系统应用手册、办公商务应用手册。四本册子黑黄相间，方便不同部门进行针对性查阅。

索引：每一个册子都有索引标签，可以在手册边缘迅速找到对应的细项。

4. 内容上，要直白——零基础轻松看懂

价值阐述：用直白的语言说明此项内容的价值，让所有人都能轻松看懂。

使用说明：

1. 标明此项目实际应用中的具体数值。

2. 红字加粗注意事项和禁止事项。

3. 敦促翻阅者严格按照要求设计、制作、监督、检验。

详细内容：设计的具体规范、形式。

索引标签：提高翻阅者的查找效率。

通过文案和排版，我们希望能够让所有翻阅者统一三点认识：

统一理解：用尽量直白的语言，让不懂品牌的人看懂，降低理解成本。在重要、有可能犯错误的地方加粗标红。即便没有耐心全部看完，也能看到重点，避免失误。

统一认识：让员工和加盟商能够认识到，每一个道具，每一件物料，每一种材质，都是能够带来营业额提升的，都是有其战略价值的，避免相关负责人在落地过程中有所遗漏。

统一执行：能够理解并认识到其价值还不够，还要让每个人都能够坚决地、一丝不苟地按照我们的高标准、高要求执行落地工作，这才是我们的最终目的！

三品王的四本标准化手册及电子版文件，一共包含100多项内容。我们希望每一项设计、每一个物料都能发挥它最大的价值。

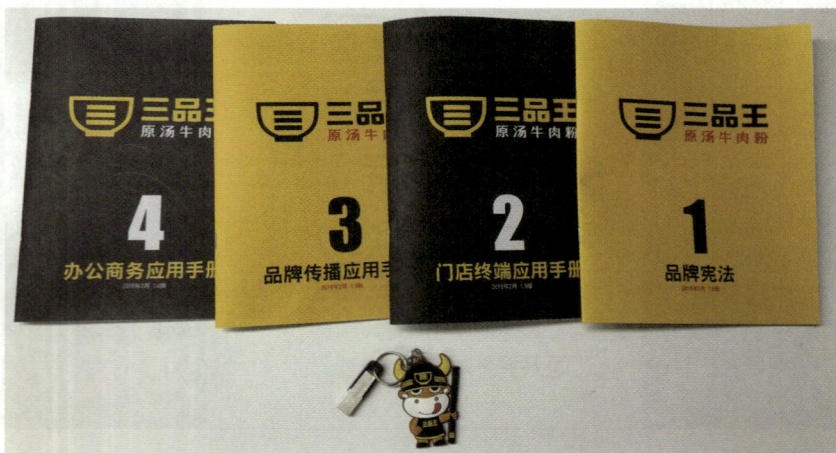

▷ 三品王的四本标准化手册及电子版文件

六个案例

● **案例一：封底**

考虑到此手册有被人遗失的可能性，我们在每一本手册的封底都写上了版权声明，以示警醒。另外，在设计三品王标准化手册期间，网络上出现了山寨版的三品王加盟网站。因此，封底的严正声明中，我们又特意加入了加盟声明。

● **案例二：门店终端应用手册卷首页**

标题：提升门店销量，就靠这些物料！
内容：每一项物料的照片和名字。

前文说过，受制于每个门店所在的环境，在门店落地的过程中，可能会受到商场、城管的各种限制，工程部也可能会出现遗漏，加盟商可能认识不到某些物料的战略价值……因此，在门店手册的卷首页，我们就用红字加粗的标题提醒各位"提升门店销量，就靠这些物料"，然后在正文中列出物料的照片和名字。就算不看后面的内容，加盟商也可以对照这个物料清单，去点检自己的餐厅。

提升门店销量，就靠这些物料！

每一家三品王门店(不论直营店还是加盟店)，要尽可能将以下物料配置齐全。
根据已经落地的三品王全新形象门店的营业数据，以下物料用得越多，营业额就越高。

店外部分：

导视：   外立面：

地贴指示牌   ① 侧招   ② 三牛哥靠墙   ③ LED广告牌

④ LED超薄灯箱   ⑤ PVC玻璃贴   ⑥ 装修围布

提升门店销量，就靠这些物料！

每一家三品王门店(不论直营店还是加盟店)，要尽可能将以下物料配置齐全。
根据已经落地的三品王全新形象门店的营业数据，以下物料用得越多，营业额就越高。

店内部分：

海报：   墙画区：

① 三品王海报   ② 产品海报   ① "把汤喝光"墙画   ② "我爱三品王"墙画

点餐区：   活动物料：

① 饮料机画面   ① 牛角帽   ② 围裙

● 案例三：凡出现海报、菜单等宣传物料，都会出现红字提示

提示内容：图中宣传物料为2018年2月版本，请以三品王下发的最新设计为准。

随着三品王的发展，品牌传播的物料一定会发生变化。这个提示能有效避免加盟商使用不准确的，或者过期的物料。

嘉园店橱窗实景图

注意事项：
1.请严格按照标准实施；
2.请洽当地装修公司根据实际情况出具正规施工图；
3.图中宣传物料为2018年2月版本，请以三品王下发的最新设计为准。

● **案例四：侧招、LED广告牌、LED灯箱**

侧招：侧招能够有效拦截从门店的左侧和右侧走过来的消费者，提高消费者发现三品王的概率，进而提高进店率。请坚决地在门店外立面安装此灯箱！

LED广告牌：LED广告牌可以通过手机修改文字内容、文字间距、文字移动速度。而动起来的LED能够吸引更多消费者的注意力，提高进店率，在夜间效果尤其明显。

LED灯箱：LED超薄灯箱和海报一样，可以引起消费者食欲，刺激顾客进店消费。在夜间效果尤其明显。

请坚决地在门店外立面安装此灯箱！

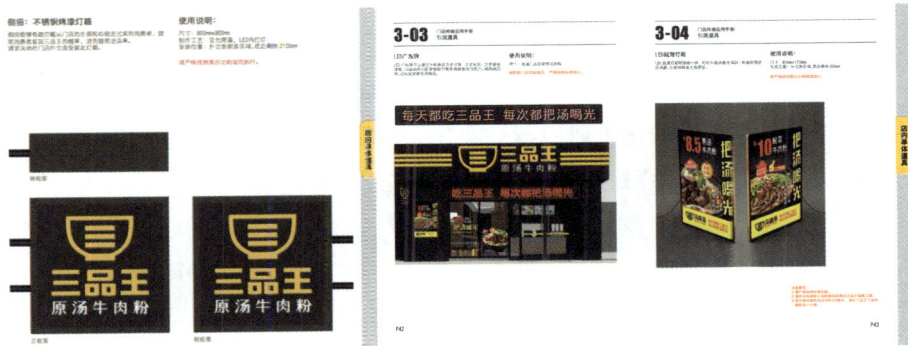

● **案例五：签字笔、笔记本**

签字笔：将三品王品牌信息印在笔的尾部，在握笔的时候，依然能够看到品牌信息。

笔记本：为避免过于花哨的封面分散参会者的注意力，干扰会议效率，笔记本封面选用黑色皮革，压印三品王的超级符号组合。

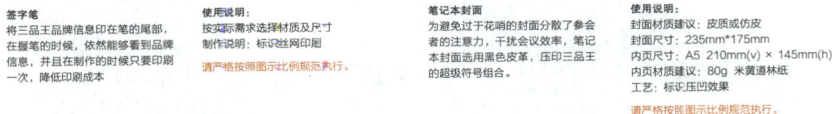

● 案例六：电子版

设计师工作的时候，是直接从电脑里调取源文件来做设计。

使用说明：
超级符号组合标准文件。
推荐使用版本，请同比例放大或缩小使用。
最小尺寸：高度 10 毫米

以防万一，除了标准化手册，我们在每一项源文件中，都采用加粗、放大、标红的方式，注明了使用说明。

在每一册标准化手册的下方，我们都注明了同样的小字：2018年2月1.0版本。

因为我们相信，今天的1.0版本，随着三品王的发展、壮大，标准化程度会越来越高。而门店、产品的内容也会越来越丰富，也会遇到更多未知的问题。

如果标准化手册不适应新的问题，就需要修改。

加盟商是改善标准化手册的关键推动力量

未来三品王大规模发展也要靠加盟商。加盟商心里装着餐厅的整体经营，能够及时发现问题，提出改善意见，让这套标准化手册持续丰富、优化。

随着三品王品牌运营标准化、开店标准化、传播标准化、采购标准化，三品王的经营效率越来越高。

未来，经过时间的沉淀，我们为三品王设计的这套标准化手册，必将成为三品王高速发展的宝典，为三品王开遍全球打下越来越牢固的根基。

尾声

从对三品王的初步了解，到创作超级符号的曲折历程；从门店外立面的优化升级，到门店内用餐体验的改善提升；从超级角色的文化"原力"，到标准化手册的颠覆式打造，在三品王这个项目里，你能看到华与华方法的大规模应用。

作为这个项目的项目组，我们在做这个项目的过程中，也加深了对华与华方法和华与华工作原理的理解：

学习客户的业务，了解客户的业务，然后重新想象，重新设计客户的业务。
用超级符号的方法最大限度地降低品牌营销传播成本，形成品牌资产。

成功是企业自己的成功，是企业家的成功，华与华在其中扮演的是一个系数的角色。为企业做品牌的顶层设计，制定企业的战略路线图，从而提升企业发展的速度，让企业少走弯路，这是我们一直在做的事。有幸参与这个项目，认识到三品王这样优秀的企业，是一件让人非常振奋的事。

最后，祝三品王早日开遍全球！

书单狗

陈　俊／黄慧婷

活宝营销
宇宙第一狗 "读客书单狗" 诞生记

2018年1月20日，经过激烈PK，在华与华 "2017年第四届百万创意大奖赛" 上，读客 "书单狗" 这一超级品牌角色在众多参赛项目中脱颖而出，荣获三等奖。华与华董事长华杉、读客董事长华楠毫不吝啬地表示了对书单狗的喜爱，为书单狗颁发现金大奖。

教科书级别的品牌IP创作案例

"书单狗形象的创作，首先在于，他的可爱一秒钟之内就能突破消费者的心理防线，就会让人喜欢上他，让人百看不厌。

"其次是他又萌又贱，这还是从来没有出现过的。也就是说，在这个形象的背后，他真正是一个活的（角色），就像制作公司的理念——这里面没有人。并没有人在书单狗的里面装扮他，他就是他自己。这个是历史性的突破。

　　"第三是在制作方面，读客斥巨资去日本制作，让书单狗得到最完美的呈现，也带动了华与华其他客户，开始注重投资制作。由近及远，这个创作对我们有历史性的意义。"

——华与华董事长华杉点评

读客图书

　　读客图书[1]成立于2006年，是中国书业品牌影响力领先、营销模式领先、生产方式领先的专业出版机构，曾一手策划推出过《藏地密码》《岛上书店》《巨人的陨落》《无声告白》《丝绸之路》《银河帝国》《教父》等超级畅销书。旗下更是拥有3个文化界超级IP："书单来了""影单来了"和"每晚推一本好书的熊猫君"，均在微信运营领域各领风骚，粉丝总数超过800万。

　　经过十余年的发展，读客图书已经进入了亟须进行整体品牌管理和整体营销推广的阶段。2017年，读客图书总裁刘按在亲自观摩了干货爆棚的"华与华2016年百万创意大奖赛"现场之后，当即提议把这件事交给华与华，让专业的事由专业的人来做。这当然得到了读客图书董事长华楠先生的支持。

　　华与华董事长华杉先生，与读客图书董事长华楠先生是亲兄弟，华楠先生也是华与华的创始人之一，他深知华与华"超级符号就是超级创意"的创意方法适合读客未来的发展和战略布局。

　　就这样，2017年1月16日，读客图书正式请华与华做品牌顾问，"亲兄弟，明算账"，两家的合作就此开始。这正是"读客书单狗"形象诞生的开端。

---

1 "上海读客图书有限公司"现已更名为"读客文化股份有限公司"。

创作书单狗形象是读客团队2017年第一要务!

一个成功的卡通形象,本身就是一个超级IP、一个商业帝国,比如米老鼠、唐老鸭、小黄人和大白等。如果我们能给品牌创作一个成功的品牌角色,那就是百年基业。更何况,品牌角色没有生老病死,只会与时俱进,越活越年轻。当企业有了自己的品牌角色,就有了一个可以长期重复投资积累的品牌资产。

《广告时代》杂志评选出的美国20世纪十大品牌形象——万宝路牛仔、麦当劳叔叔、贝蒂、皮尔斯伯里面团娃娃、奶牛埃尔西、米其林轮胎人等,每一个形象都有数十年的历史。它们早已成为品牌的一部分,即使在今天依然有着旺盛的生命力和超强的品牌影响力。

> "超级IP就是超级知识产权。真正的IP时代还没有到,它不是IP热,也不是一个浪潮,而是'本质'。IP的本质是商标,而不是故事。一切都为了商标服务,要加强商标的设计和管理。读客打造IP帝国要走偏大众化、受众覆盖全国的'美国模式',打造中国的'米老鼠'。"
>
> ——读客图书董事长华楠

"书单来了"作为读客图书运营的头号微信公众号,自2015年11月正式公布以来,坚持只推荐豆瓣8分以上、出版3年以上的经典好书,宣称"时间有限,只读经典""不在烂书上浪费生命",仅用两年多的时间,就迅速赢得了500万粉丝的关注,长期雄踞图书公司新媒体影响力排行榜榜首。

为什么"书单来了"一定要创作书单狗这一形象?

因为人很难对一个纯工具账号产生感情,需要有一个魅力人格体来承载内容。与其他账号最大的不同是,"书单来了"已经在很多粉丝脑海中建立起了"书单狗"这样一个独一无二的形象。只要是书单狗推荐的书,销量一定翻番,连"熊猫君"都要来抱"狗子"的小短腿。"无聊书单狗"板块每天一条段子都有10万多的阅读量,点赞量数千。

就读客而言,书单狗不仅是"书单来了"的代言人,也是"书单来了"独一无二的价值壁垒,更是读者与读客品牌的接触点和关系纽带。书单狗正助力读客成为中国"迪士尼"，是建立强大IP帝国的先头兵。

然而，尽管"书单来了"公众号运营得热火朝天，在书单狗形象设计上，我们却尝试了一年都没出成果。画出粉丝心中的完美书单狗是读客团队最大的难题，也成了我们读客项目组2017年度迫在眉睫的头等要务！

华楠亲自带队都没能战胜的难题

毫无疑问，纵观华与华整个形象创作史，书单狗都称得上是华与华史上难度系数最高的形象创作。截至目前，没有之一！

● **挑战一：世界级形象要求，对标迪士尼和熊本熊**

楠总亲笔"圣旨"："书单狗必须像熊本熊、米老鼠等经典角色一样，拥有永续生命力，让人一眼就爱上。书单狗必须被打造为独一无二的经典形象，拥有读客的专属印记，让人一眼就识别。书单狗必须为读客超级IP帝国打响第一炮，让人一眼就记住！"

● **挑战二：一千个粉丝心里有一千只书单狗**

书单狗是整个宇宙中最爱读书的狗，每天坚持推送干货满满的优质书单，是粉丝心中博学的文艺咖，是粉丝心里的萌贱段子手，是影单猫的执着追求者，是每天和粉丝一起成长的、真实存在的狗，绝不是店门口的摆设！

那么，如何画出粉丝心中的"狗子"形象？大家通过"书单来了"微信公众号后台，就"你眼中的书单狗"这一问题，征集了数万粉丝的意见。我们发现，在粉丝眼中，书单狗拥有各式各样的标签：脑洞清奇、文艺咖、段子手、认真严谨、呆萌……

● **挑战三：你的客户就是你的老板，还是华与华方法的创始人**

俗话说，外行看热闹，内行看门道。

楠总的办公室有张1米多长的高脚方桌，上面摆满了他从各地搜罗到的，全世界最经典的卡通形象，足足上百个。

▷ 黄金酒的金元宝，中国人的超级符号

▷ 厨邦绿格子，看到就想起餐桌布

▷ 华楠的收藏

他对形象的要求就好像乔布斯对苹果的要求——极致、完美。这一点正如读客的价值观所说"不是奇迹，就没有意义"。只要你一进到读客办公室，抬头就能看到这句被刻在墙上的话。

书单狗能不能创造"奇迹"，又如何创造奇迹呢？这是我们项目团队每天都要绞尽脑汁思考的课题。

马拉松式创作长跑——体力和脑力的双重挑战

读客项目启动后，全组成员立即开足马力投入创作。每周数次马拉松式的会议讨论，插画师、设计师、策划师，三师会战。

按照华与华在品牌角色创作上的窍门——超级符号的方法，我们用人们本来就熟悉或喜爱、本来就有原型的东西，打开人们头脑中关于这个符号的记忆、情绪和体验的宝库。就像黄金酒的金元宝、厨邦的绿格子，这些熟悉亲切的符号，会让人即刻觉得这是一个熟悉、亲切的品牌，自然降低了传播成本。

如果没有原型就很难生长，商业价值也会变低。

所以，我们确定了初步思路：寻找自带大众喜爱的"原力"的、能够支撑起书单狗500多万粉丝情感寄托的狗狗原型。

但世界上有上千种小狗，仅目前已知并被画出来的卡通形象就已经无法计算。

● **入门起手式：寻找超级动物，谁是我们的超级IP狗**

角色创作前，先定原型。

项目组内有不少是资深"铲屎官"。怀着这种对"汪星人"天生的爱意，我们每个人对于创作书单狗形象都是充满热情的。就"谁是我们的IP狗"这一问题，我们每天都讨论得热火朝天。在搜遍全网，地毯式查阅了全球受欢迎的狗狗品种，以及各种网红狗的热评热议后，我们终于发现了"神犬"的原型，绝对大IP狗——柴犬！

▷ 卖萌一把好手

▷ 王之蔑视

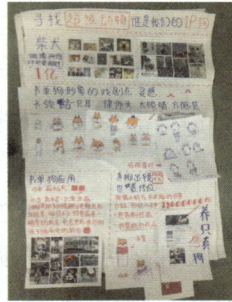
▷ 宇宙独一份的创意手稿

柴犬，人称"中产阶级御用宠物"，萌宠界表情包"扛把子"，自带网络话题流量超1亿"狗界戏精"。

柴犬就是书单狗的原型！这种天生的"行走表情包"技能，不正好能承载起书单狗多样的性格特征吗？

● **手绘三大张柴犬手稿，一战定原型**

第一次内部创意提报时，我们先设定了书单狗可以尝试的戏剧点：书本式领结、一只耳朵、律师头、大眼睛、方脑袋。

在几轮讨论的基础上，我司美女插画师手绘三大张柴犬手稿来呈现这个创意。这份手稿被直接送到楠总办公桌，这一次，顺利敲定了，就以柴犬为原型！

我们甚至还提过一个大胆的想法：养只真狗！

我们想让它世代传袭，成为"读客一景"，就像日本贵志站的猫站长"小玉"一样。"小玉"像公务员一样"值班"，吸引了很多游客前来一睹它的风采。据统计，"小玉"一年带动的经济效益，折合人民币已超过8500万元。

不过，养一只真狗还是有很多因素要考虑的，这个想法暂时被搁置了，但说不定在未来的某天就会实现。

● 如果没有人设，形象只是摆设

品牌角色是一种人格化的符号，其背后的人格设定：角色本身的性格、思想和行为等都会在不同纬度上影响、吸引用户，与用户建立关联。

从本质上说，想要万人迷，人设很重要。像熊本熊、大白等经典角色均有着清晰的性格特征和鲜明的行为喜好，给我们留下了深刻印象。每次与人谈及，我们都能像老朋友一样脱口而出：呆萌的熊本熊、暖心的大白、欢乐的米奇、满足一切梦想又超爱吃铜锣烧的"蓝胖子"等等。

> 大白为什么受欢迎？因为暖萌、善良、陪伴！
> 熊本熊为什么受欢迎？因为呆萌、贱萌、各种萌！
> 米老鼠为什么受欢迎？因为可爱，会制造欢乐！
> 哆啦A梦为什么受欢迎？因为有趣、友情！
> 那么书单狗的人设是什么？
> 第一时间，读客图书总裁刘按给出了答案，4个字：酷！酷！酷！酷！

> "反正酷，超级酷，然后很冷幽默。我认为第一就是酷，就是这个形象给人的第一感觉，第一眼缘，一定就是觉得他很酷。"

——读客图书总裁刘按

一段话里，重复4遍，4个酷字。那么为什么要酷呢？

首先，书单狗是"秃头老板秘书"，虽然每月工资固定17.8元，但丝毫不影响他对秃头老板的深深"爱意"。随便翻翻每天的"无聊书单狗"板块，书单狗平时做得最多的除了拍老板马屁（效果另当别论），就是壮壮狗胆，挑战或吐槽下老板。这难道不酷吗？

每天"无聊书单狗"板块的段子运营，都吸引了大批粉丝的"定时打卡"，这让书单狗基本确立了"段子手"这个第一身份标签。加上前期的调研，可以说，他现有的形象基本符合了网友心中的形象期待。

所以，在创作之初，书单狗很自然地被设定为"小痞、小贱、爱吐槽、爱撩妹、偶尔装文艺扮高冷的"酷酷段子手！

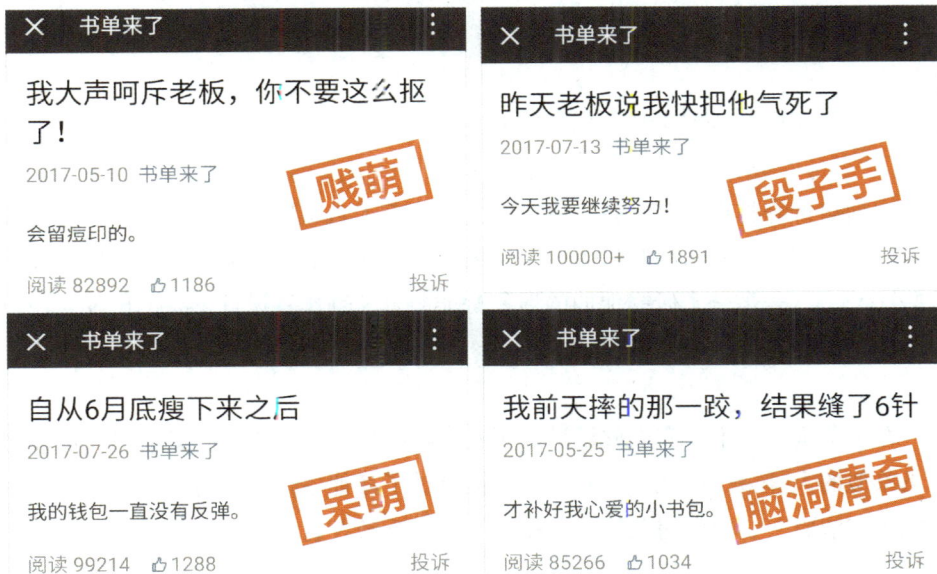

× 书单来了 ⋮	× 书单来了 ⋮
我大声呵斥老板，你不要这么抠了！	**昨天老板说我快把他气死了**
2017-05-10 书单来了 贱萌	2017-07-13 书单来了 段子手
会留痘印的。	今天我要继续努力！
阅读 82892 👍1186 投诉	阅读 100000+ 👍1891 投诉
× 书单来了 ⋮	× 书单来了 ⋮
自从6月底瘦下来之后	**我前天摔的那一跤，结果缝了6针**
2017-07-26 书单来了 呆萌	2017-05-25 书单来了 脑洞清奇
我的钱包一直没有反弹。	才补好我心爱的小书包。
阅读 99214 👍1288 投诉	阅读 85266 👍1034 投诉

▷ 选自：让你笑出腹肌的"无聊书单狗"板块

● **有了原型，有了人设，怎样才能达到国际超级IP的水平**

史上最为人知的超级IP，都有一个共同特点——轮廓特征明显。

就像米老鼠的两个大耳朵、皮卡丘的尖耳朵、轮胎人的圈圈……轮廓自带超强的识别力，就算简化成剪影也能被人轻易认出！

为了让书单狗有鲜明、强识别的符号形象，即使是剪影，也能一眼认出这就是书单狗，我们确定了两大设计原则：

（1）一定要有特征。

（2）这个特征一定要在轮廓上。

"传播"的关键在于"传"，要做有听觉的视觉、可描述的视觉、能说出来的视觉。

品牌角色创作在找到原型后，最关键的是将原型私有化。这意味着一定要做独特的修改。

那么如何更好地创作私有化形象呢？

"搜尽奇峰打草稿"，我们坚信"太阳底下无新事"。要做好形象，就要找到超牛的对标案例。团队耗时三天，下功夫整理了完整的迪士尼谱系图，集结经典形象共1082个，一个一个研究他们的形象特征，思考创作者设计形象的出发点，以此为书单狗的形象创作寻找灵感。

在书单狗形象上，我们先后进行了上百种尝试，比如类似"闪电狗"的印记，小飞象似的大耳朵……此外，我们也积极尝试了其他各种形象特征，比如乌龙派出所里的"浓眉"、面包超人的"大鼻子"，甚至名人达利的胡子等。

▷ 尝试稿自左向右依次为：达利的"胡子"、乌龙派出所的"浓眉"、面包超人的"大鼻子"

● 戏剧点的诞生——断耳朵

在这样反复的沟通、尝试中，书单狗最大的特征最终确定为"断耳朵"！

很多人好奇为什么书单狗要断耳朵。

好奇就对了！断耳朵首先能引起别人的思考。如果大家发出这样的疑问，书单狗就会回答："因为老板在人群中多看了我一眼，熊猫君就记恨在心，借口我吃他的蛋糕，扑上来就在我的耳朵上咬了一口。"

"断耳"被设定为熊猫君咬掉的！

这也成为书单狗与熊猫君的关系纽带，使他们的形象更鲜活，互动更自然。

楠总对超级IP的要求：每一根线条都要有意义

每一根线条都要有意义！

那就一根一根把线条分开研究吧。我们把书单狗的线条拆分成7个课题，每一个课题都是一个专项研究，每一次都要尽量找足够多的参考，一点点地摸索研究，以达到从量变到质变的飞跃。

● 课题一：耳朵

断耳朵被设定为熊猫君咬掉的，但怎么咬是个难题！

每一个看似简单的问题，背后都会有无数个考虑。举几个例子："被咬掉"的狗耳朵要一目了然，那是咬一半还是咬一小口？是撕扯的锯齿伤口，还是比较抽象艺术的三角缺口，或者是小半圆弧的缺口（大家可以想象成比萨那样）？

另外，被咬的耳朵要不要有血迹？有血迹像真实伤口，但会显得血淋淋，可能会引起观感不适。而如果没有血迹，又少了真实感，会不会不够惨？毕竟我们的特征就是要明显。

终于，革命性的突破，我们想到了用绷带！

但是问题又来了，绷带是全包还是半包？要不要再带点飘起的布条，表现飘逸感……

经过这些耳朵细节的打磨，现在大家看到的书单狗，就拥有一个飘逸的、飘着布条的绷带耳朵。

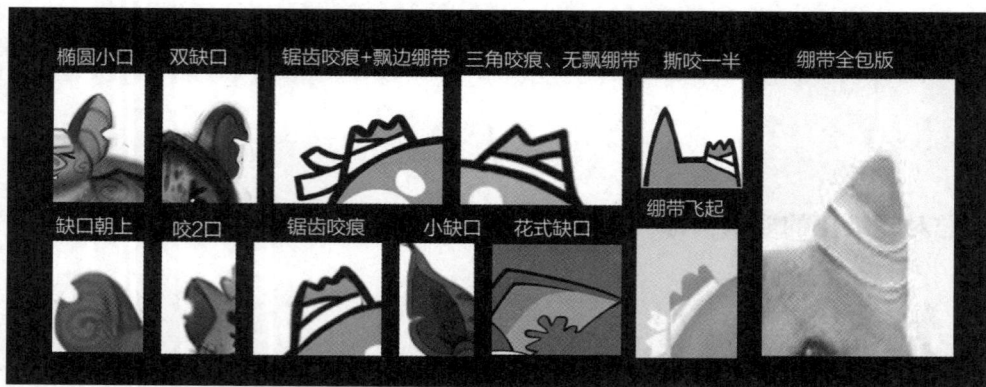

▷ 耳朵细节的参考

● 课题二：眼睛

俗话说："眼睛是灵魂的窗户。"关于第一眼，很多人倾向于看眼睛。

眼睛，就是书单狗灵魂的窗口，如何让人看一眼就喜欢上？是时下大家喜欢的高冷"霸道总裁型"呢，还是充满好奇、疑惑的小眼睛呢？

最后，在画法上，眼睛是立体的还是平面的？大小比例怎么平衡？要不要眼白和睫毛？

▷ 眼睛细节的参考

● 课题三：尾巴

如果说"眼睛是灵魂的窗口"，尾巴就是一只狗的心情显示器！

什么样的尾巴特征能代表书单狗的心情呢？是下垂、上翘，还是弯曲？

作为一只被500万粉丝喜爱的狗子，书单狗一定是友好的。最后，我们决定用有点半盘起来的卷尾巴。

为什么不是长尾巴，或者其他特征更独特的造型呢？因为尾巴不是书单狗的第一特征，它不能抢戏。再者，卷尾巴是柴犬的特征，有着天然的萌感。

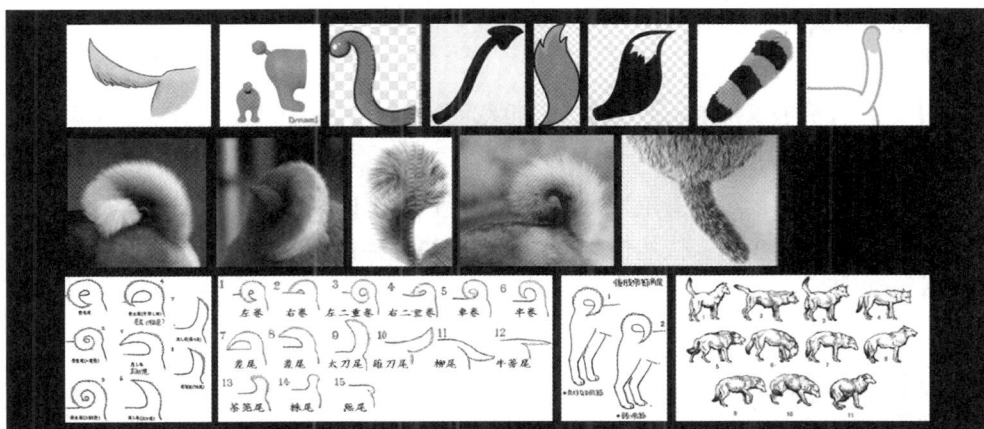

▷ 尾巴细节的参考

● **课题四：毛色**

毛色必须是主流狗的颜色，不能是冷门狗！这是我们选择颜色的判断标准。

目前柴犬的毛色主要是乳白色、茶黄色、芝麻色。但就算只有三大色系，每种色系加起来也有上百种颜色参考，况且每个色度都有差别。

所以，对于毛色的选择，绝不是三选一，而是百里挑一！能不能完美呈现，这还得靠插画师对色彩的精准把控力。

▷ 毛色的参考

● **课题五：嘴巴**

说到网红狗，网红狗为什么受欢迎？因为有经典表情啊！比如表情包扛把子"神烦狗"Doge。

不过，表情可以抢眼，但不能太过抢戏。

最开始，我们设定的书单狗是露牙齿的。但看了熊本熊和大白的例子后，我们发现只有一个中性表情，依然也能传达很多情绪，并被人喜欢。于是我们开始思考露齿的必要性。

去除多余表情后，这个尝试并没有影响情绪的发挥空间，于是，我们决定简化书单狗表情。

侧吐舌　　　　　　　　　大吐舌　　　　　　　　　坏笑

小吐舌　　　　　　　　　露出上下牙齿　　　　　　露出獠牙

▷ 嘴巴细节的参考

● **课题六：姿势**

确定标准姿势的时候，我们思考的是怎么跟产品结合。

因为书单狗的专职是推书单，拿书是自然而然想到的第一个标准动作。

当然，我们也参考了很多狗狗的动作：趴着的、坐着的、站着的，还有仰头看天的……最终，我们定下来的还是常规站姿。我们认为让书单狗拿本书站着最适合。

不过，我们给了书单狗一个最佳角度，即最多人选择的45度完美自拍角度。书单狗的女粉丝看到这里，应该会恍然大悟：怪不得书单狗连站姿都看着这么亲切。

▷ 姿势的参考

● **课题七：领带**

格子是读客的超级符号，是读客超级IP帝国统一的符号。而领带的设定，就是为了解决格子如何露出的问题。最初，我们也曾想过用领结，但领结看起来没有领带突出。

所以，我们打造了格子军团的"三活宝"：戴着格子领带的书单狗、戴着格子领带的熊猫君和戴着格子领带的影单猫。

先基于这七大问题（其实还有很多小问题，此处就省略了10万多字），我们进行了大量的形象尝试，进入了设计状态中。每个人的每一稿背后都是与时间的赛跑，凝结着所有人的心血。近似闭关创作的1个多月后——第一代"又痞又酷"的书单狗诞生了！

首次提报后，大家万分期待。读客团队对第一代书单狗进行了大规模的内部投票，好像每个人都有自己的一些看法：像狗、像猫、像狐狸，太痞、太酷、不友好……

其实本质的核心问题在于：这不是一只让所有人都喜欢的狗！

▷ 领带、领结的参考

▷ 第一代书单狗——手中拿书、戴格子领带的断耳书单狗

▷ 书单狗历史手稿，全球仅此一份

革命性转折点：可爱是活宝的唯一出路

"如果形象不能一开始就让人喜欢，后期的运营推广成本就会很高。"

——书单来了负责人、读客合伙人邢晓英

华与华方法，就是降低品牌传播成本的方法论，以终为始，随时回到原点思考。没错，酷不是目的，目的是让所有人喜欢这只狗。这样才能发挥品牌角色的最大价值！

人设不是酷，是可爱！想通了这点，项目团队立马投入新一轮的战斗。

在书单狗的形象上，要实现从酷到可爱的转折，意味着我们需要重新思考设计，把过去三个月经历的"折磨"再来一遍。

如何让人无来由地爱上一个陌生的形象呢？

只有萌，只有不具威胁性，才能在第一秒击溃所有人的心理防线；只有可爱，只有让人没有防备心，才能在第一秒突破人们的心理防线。

经过大量观察，我们发现基本上小胖小圆的形象都是萌的，让人没有防备心。这在心理学上被称作"娃娃脸效应"。娃娃脸效应指的是软而圆的东西更容易让人产生保护欲，产生好感。这种效应在艺术领域表现为"幼态持续"现象。好比有些动物或人年幼时都会显得可爱——因为头部圆、身体软，让人心生怜悯。所以，一些艺术形象会通过刻意模拟幼儿特征，塑造形象的可爱与萌态。在这些基础上，我们重新规划创作原则：变胖、变圆、变可爱。

娃娃脸效应：左边幼时圆脸产生萌感 | 肥嘟嘟的脸型 | 纯善的大眼睛 | 友好的微笑 | 微胖的四肢

我们首先找到了日本三重县"三重之国观光大使""世界上最幸福的小狗"——Maru。Maru每一张照片都面带微笑，只要看过一眼就会被它的笑容融化，让人喜欢上。这正是我们希望书单狗带给人的感觉 —— 一眼就爱上。

在此基础上，我们提炼出萌系狗的四大特征：圆嘟嘟的脸型、有灵气的大眼睛、可爱的表情、微胖的四肢。

全票通过，第二代书单狗诞生

每一个角色的诞生，背后必定是成百甚至上千个被否掉的方案与草稿；每一个角色最终的形象，都是在无数次细节的调整中逐渐明朗的。

从一个超级IP的初步设想、无数草稿，打磨到最后的正式亮相，我们经历了一个十分漫长而坎坷的过程。但是我们相信，所有的胜利都是价值观和意志力的胜利！

历经300多稿的打磨后，第二代书单狗一经亮相，立刻受到读客的一致认可。萌就是这样奇妙，可以一瞬间击穿所有人的心理防线。所有人都认为：就是它了！

什么年龄，通通可以不管，就要可爱！

很有意思的是，在跟读客团队伙伴的讨论会上，大家对书单狗都有自己的解读。书单狗形象一下子就在大家心里活了起来，大家讨论书单狗时，就像讨论一个真实存在于身边的人一样。

有小伙伴这样说："这是一只有故事的书单狗。他胳膊夹着书，坚定的眼神里仿佛有远方，紧攥的小拳头透出一种坚持，微抿的嘴唇像是暗下决心要实现什么似的，'狗小志气高'，这一切太让人感动。"

书单狗上线，人气爆棚

"在没有书单狗形象之前，书单来了是一个工具性账号。他的作用就是查找书，跟用户没有太多情感联系。用户来了之后停留的时间很短，找到书就走了，而且使用频次比较低。

"有了书单狗之后，用户的黏性大大增加了。很多人因为喜欢书单狗的形象和性格，每天来看公众号。有了形象之后，书单来了就能跳脱公众号的阵地，未来可以作为独立IP去运营。"

——书单来了负责人、读客合伙人邢晓英

▷ 一个眼神里有远方，有对书纯纯的爱，以及对伟大的爱情有着炽热渴求的书单狗！

▷ 虽然头身比1:1，身材圆润了些，但这么优美的曲线，江湖上绝对少见！

▷ 一眼可识别的书单狗剪影

2017年6月20日，"书单来了"代言人书单狗在其公众号上正式"爆照"。

这个先后经过两个团队，累计苦战700个日夜，前后历经300稿的书单狗，一经亮相，就凭借其盛世美颜引发了粉丝、网友的大规模点赞围观。

仅上线当天：

√ 书单狗爆照文章阅读量高达19.5万人次，且阅读量仍在持续增加。

√ 粉丝留言数翻8倍，较前一天增加3814条，基本条条谈论书单狗。

√ 点赞数12 134个，超平时的3倍，颜值经得起考验。

【读客书单狗履历表】

姓名：书单狗

口头禅：如果你不知道读什么书，关注书单狗就对了

职业：每天为500万粉丝推荐书单狗牌书单

愿望：接管你下半生的全部阅读计划

爱好：看书！写书单！影单猫！

● 书单狗霸屏朋友圈

书单狗亮相后，很多粉丝纷纷留言要拿来做头像！同时，我们也发现自己的朋友圈里竟然也频繁被书单狗霸屏。原来那谁谁也是书单狗的粉丝，以前竟然都不知道！此外，还有知乎、豆瓣等各个以前不曾发现的角落，都有书单狗的粉丝出没。

● 4万人自发成立"怼狗团"

很多粉丝每天都会来看书单狗，留言"开怼"。据说这个民间自发的怼狗团，足足有4万人。最有意思的是，在书单狗线下粉丝会上，还有人借此活动"脱单"。不得不说，狗子实在太给力了！

书单狗系列表情推出后，更是得到粉丝们的欢迎。粉丝们脑洞大开，自发为狗子形象配文。书单狗俨然成为新晋萌犬界表情包网红！

"一个成功的品牌角色IP，能奠定一个品牌的品牌资产，能成为一个品牌的超级代言人，能顶现在每年1亿广告费，将来每年顶10亿广告费。一定要深刻理解，彻底执行！"

——华与华董事长华杉

超级活宝是品牌角色里的"特种兵"，拥有极强的"单兵作战能力"，能够单独完成一次完整的营销进攻，哪怕只是摆在那里都自带卖货属性——自己把自己卖出去。

● 一个自带流量的推销员

书单狗成功亮相后，很自然地就成为读客图书自带流量的大IP，线上线下，随时刷脸卖书。在移动端和PC端，只要是书单狗推荐的图书，销量都会提升好几倍。当书单狗说要去广州大众书局摆摊时，更有近万名粉丝留言说要去书店捧场，简直就是书店雇的一个自带流量的推销员。

● 一身行头15万——制作就要舍得花钱

没有创意，策略等于零；没有手艺，创意还等于零。执行是关键性力量。

我们立志要做中国的"熊本熊"。那么，如何能像熊本熊一样成功，甚至比熊本熊更成功呢？首先，在制作上要舍得花钱。

▷ 脑洞大开的书单狗表情包

▷ 大众书局的书单狗陈列区

我们用了两天时间，中、英、日全网搜索，最终找到了创造"熊本熊"人偶、被称为"吉祥物与卡通人偶服装界的凯迪拉克"的KIGURUMI.BIZ公司。KIGURU-MI.BIZ公司通过应用特殊材质，不仅真实还原了书单狗的外形，也完美解决了能见度问题。5个月后，书单狗漂洋过海从日本顺利归国！现在，你在读客办公室里就能亲眼看到这个文化界第一帅狗——书单狗！

● 品牌角色不能只存在于屏幕里

我们要让书单狗像"熊本熊"一样，成为大家真实世界里的朋友，让大家相信"里面没有人"。怎么做呢？

答案就是，让书单狗每隔几天就出来溜达溜达。

▷ 躲猫猫

▷ 见到老板，狗子害羞了

▷ 周一公司传统，上班先扫地！

▷ 你瞅啥

▷ 想起那天夕阳下的奔跑

▷ 元宵节抢灯笼

按照公司传统，每周一上班前先大扫除，书单狗是大家公认的扫地好手；调皮的书单狗还喜欢用小短手努力够墙，"壁咚"园区保安大哥；有时，遇上熊猫君，还会上演"狗熊"大战；还有美女咖啡店老板要约狗子去跑步……只要你看到书单狗，就会发现这真的是一个活脱脱的园区大活宝。

"读客书单狗"超级品牌角色创作总结

品牌角色就是品牌本身，是品牌的主人、发言人。品牌角色降低品牌传播成本，形成并积累品牌资产，最终成为人类的文化符号。

1. 华与华品牌角色创作三板斧

   定原型：照着一个原型走到底。

   定人设：如果没有人设，形象只是摆设。

   私有化：创造一个能说故事的特征。

2. 传播的关键在于传，要做有听觉的视觉、可描述的视觉、能说出来的视觉！

3. 可爱是活宝的唯一生路！

4. 没有创意，策略等于零；没有手艺，创意还等于零。执行是关键性力量！

5. 品牌角色只存在于屏幕里是不够的，他需要走出来与大家见面。制作就要舍得花钱！

在很多人的职业生涯中，其实很难遇到可以亲身参与创作超级IP角色的机会。华与华读客项目团队很庆幸能够参与书单狗的形象创作，一步步见证狗子从无到有。这是一个相互成就、共同成长的过程。

只要想到有一天，书单狗可能会成为读客IP帝国中最耀眼的星，我们付出的一切努力都是值得的！

感谢书单狗！

感谢读客图书！

感谢每一个参与项目的伙伴！

2018年，读客项目获得华与华第四届100万元创意大奖第三名。

莆田餐厅

陈 俊/于 戈

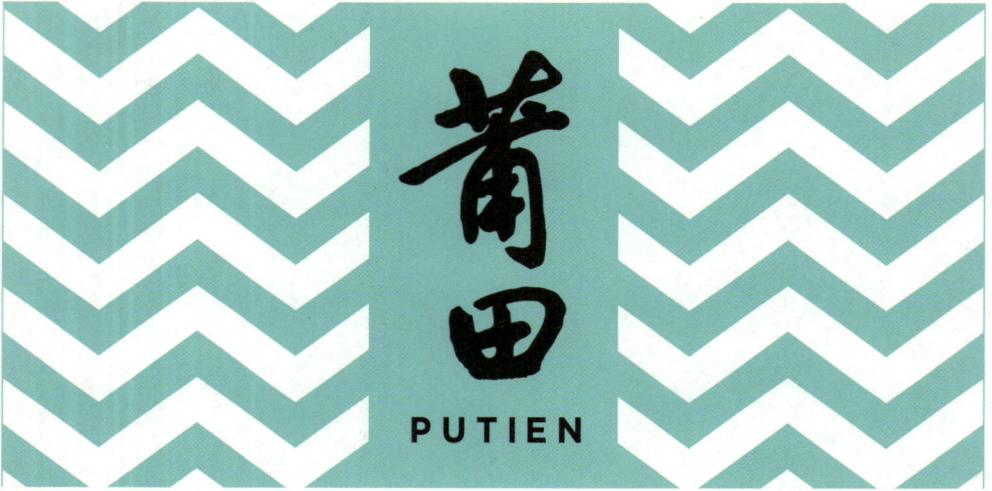

莆田

PUTIEN

莆田餐厅
华与华方法在海外战场的首次成功实践

莆田餐厅是一家享誉新加坡的中餐连锁品牌，成立于2000年。凭借对好食材的坚持和脍炙人口的原味福建菜，莆田餐厅从一家街边小菜馆，成长为新加坡最受欢迎的中餐品牌。2016—2018年，莆田餐厅Kitchener Road店（新加坡）连续3年荣获米其林一星餐厅，是新加坡有史以来第一批荣获此殊荣的本地餐厅之一。

2015年是莆田品牌发展史上一个关键节点。这一年，莆田决定进军中国内地，并选择华与华作为进入中国的第一站，此后展开了连续5年的合作。签约时，华与华只负责中国大陆区的品牌管理工作。经过5年深度合作，目前由华与华统一管理莆田在新加坡、中国香港、印尼、马来西亚四大区域的品牌事宜。

华与华以中国市场为范本，从超级符号到持续不断的产品开发创意，为莆田品牌注入了新活力、新思想、新方法。同时，这也是华与华方法在海外战场上首次亮相，并高效推行实践的成功案例。2018年，在新加坡、中国香港市场的实践中，华与华助力莆田在不同区域市场，实现了业绩的逆势增长。莆田案例的成功，代表着华与华成为国际级咨询公司的首战告捷。

此外，莆田作为新加坡大力推广的国家品牌，首次进入中国内地市场，受到了新加坡国际企业发展局[1]给予的帮助和资金支持。华与华首次对莆田提报当天，新加坡国际发展局中国区负责人专程赶到现场，给出了高度评价与认可，并在后续与华与华的沟通中说："新加坡其他品牌或企业进入中国内地市场首推华与华。"

莆田首次亮相中国内地——对莆田品牌的重新想象

华与华方法有两个工作原理：

1.在接触到一个新客户时，我们是先学习客户的业务，理解客户的业务，然后重新想象、设计客户的业务。

也就是说当我们接到任何一个新客户时，并不是一上来拍脑袋就开始干，而是先学习客户的业务。通过学习、理解，我们才能重新想象、设计客户的业务。我们把这个过程也叫作企业寻宝行动——在企业自己的历史中挖宝。因为每个企业能够发展到今天，取得现在的成果，一定是因为在某个时间点做对了一些事，或者说在行业内获得了某种竞争优势。

2.用超级符号的方法降低企业的营销传播成本。我们一切的创意工作都是围绕着投资和成本这两个角度去看的。

---

1 新加坡国际企业发展局（International Enterprise Singapore）：新加坡的国家政府机构，旨在促进新加坡企业开展海外贸易合作。

前期市场走访

莆田餐厅是华与华史上的第一个海外客户，与莆田合作无疑是一件让人既兴奋又骄傲的事。莆田应该如何进入中国内地市场？如何将其发展成中国内地知名餐饮品牌？如何将华与华的本土方法运用到其中？带着这样那样的问题，华与华莆田项目组成员开始了莆田全球店面的走访和访谈。在新加坡、马来西亚、中国香港等地，我们和员工聊，和厨师长聊，和老顾客聊……

在访谈过程中，我们发现"原味""好食材"这两个词出镜频率最高。从高层管理人员到基层餐厅服务员，几乎每一位莆田人都会反复提到这些词。我们意识到，这些也许都是莆田自身存在的亮点。

核心关键词：原味、好食材。

一个占位、一句话、一张履历表进入中国内地

在前期的案头研究中，我们发现近年来，中国餐饮业已从八大菜系时代进入细分时代。地方菜系迈入主流市场，在消费者选择中占比越来越大，传统菜系分类的优势并不存在了。

日料	自助餐	西餐	火锅
新疆菜	清真菜	杭州菜	烧烤
台湾菜	西北菜	东北菜	云南菜
本帮江浙菜	小吃快餐	韩国料理	东南亚菜

另外，中国饮食文化的消费核心是"求新"。消费者对"新"菜品保持开放的态度，愿意去尝试。所以常常会有城市人驱车几小时往返百来公里，就是为了吃口正宗的农家菜。再加上近几年云南菜、西北菜等新兴地方菜系的逐步崛起，传统菜系分类优势已经逐渐被弱化。

因此，我们想到了占领"原味福建菜"。

"原味福建菜"的菜系占位既符合市场需求，更是莆田一直以来的使命和愿景所在。发扬福建菜，赢得解释权。福建菜是莆田的利益最大化，也是莆田所拥有的独占性资源。

占领词语"原味福建菜"，放大原味的价值。原味就是福建菜的定义。

构建莆田的话语体系，写好莆田进入中国市场的履历

一个人过去做过的事、获得的荣誉可以写进简历，一个餐厅也是如此。莆田餐厅折桂无数，这是好事，应该被呈现、被放大，直接放进莆田餐厅的简历里，拿给中国大陆的消费者审阅。

● **新加坡最佳餐厅Top50**

借助新加坡这个强大的国家背书，为莆田品牌带来溢价能力，并持续强化！

● **享誉新加坡，原味福建菜**

强调纯正新加坡血统，增加权威感、荣誉感，是能产生效益的消费者品牌信息。同时，我们还占领了"原味福建菜"这个最大的价值。

● **横扫各大美食奖，摘星15枚**

用超级符号建立莆田全球品牌资产储蓄罐

只有符号的统一，才有品牌印象的统一；

有了品牌印象的统一，才有品牌管理的统一。

华与华与莆田餐厅合作的起手式，就是用华与华方法创造莆田餐厅的超级符号。这个符号，必然是全球通用的符号。

华与华给莆田餐厅做的改变，主要是一增一减。

在和华与华合作之前，莆田餐厅的符号是中间带有一朵白云的黑色书法字"莆田"，具有强烈的中国风。先说"减"。我们减去了那一朵白云，因为白云只有装饰性作用，发挥的营销效率和品牌资产功能都不大。

"增"，则是决定性的。我们增加了一个具有视觉冲击力的超级花边：水波纹。通过这个花边符号，建立起了莆田餐厅品牌的储蓄罐，形成莆田餐厅发展史上最具爆发力的一次品牌资产积累。

现在回想起来，在正式确定水波纹作为莆田符号时，项目组内部也是经历了反反复复的争论。从最初提出以水波纹作为超级符号时，很多不同的声音就出现了。有的人觉得大面积使用水波纹，在视觉表现上十分粗暴，消费者不一定能接受；有的人觉得水波纹这一元素过于时尚，不具备餐饮行业的属性，运用的时候会受限制，玩不出花样……

小组内从最初的争论到后来的不断打磨，在创造莆田超级符号过程中，我们每个环节，都是花费了数倍，甚至数十倍的工作量，才将每一个呈现在眼前的细节。

第1稿

当有了水波纹这个概念后，我们在莆田超级符号的道路上开始了第一次摸索，第一稿的"水流"看起来透着一股小清新的感觉，好像挺符合莆田的南洋身份。但是，当我们把这个水流应用到各个物料上时，却发现这个符号过于"柔弱"，看起来既不强势也不醒目，倒更像一个品牌的装饰元素。

第2稿

我们决定继续在水波纹上做文章，通过对水纹的加粗、拉大，让水纹的视觉力量和比重更足。尽管这样，在应用时水纹看起来仍然像一个装饰元素，总觉得不够抢眼，距离超级符号的诞生仍然缺少了强大的视觉冲击力。

从第一稿到第N稿，经过了一次又一次的尝试，我们反复琢磨消费者在户外、在商场看到品牌形象的第一眼，通过尝试不同的表现手法，我们终于打磨出了现在这个极具视觉张力的水波纹符号。

华杉说：莆田品牌形象的成功，是人类学的成功，锯齿状的水波纹早在陶器时代就成为必不可少的文化符号，被广泛应用，是积蓄了1万年的原力。

除了嫁接符号原型外，水波纹的运用还有一个华与华的核心方法，叫作用符号打造品牌最小记忆单位。"你把它撕成碎片你也能认出它是哪个品牌，我们也称为品牌的可粉碎性。"我们正处在一个信息碎片化的时代，人们对一个品牌的印象，是来源于一些"记忆碎片"的堆积。所谓碎片化的传播，就是粉碎成碎片还能被认识。

▷ 各个时代出土文物上的水波纹符号　　▷ 11世纪瑞士西青古堡Chillon宴会厅的　　▷ 水纹花边元素应用
　　　　　　　　　　　　　　　　　　　　水波纹墙壁

视觉符号的关键，就是解决品牌"惊鸿一瞥"的问题，让消费者在惊鸿一瞥间，也能立马认出你的品牌，这就达到"所有的面积都在传达品牌信息"的效果。所有人记住的都是同一个花边符号，这就是莆田超级符号的威力。

在华与华方法中，战略花边比标志更重要，是更大的品牌资产。

为什么这么说呢？

因为战略花边不仅仅具有视觉冲击力，还有视觉强制性。用重复的、同一性的、阵列式的视觉形式，能够创造出一种盛大的仪式感，就像国庆节的阅兵仪式一样。战略花边可以释放出巨大的心理和社会能量，这就是视觉权力，是视觉的帝王学。

对于国际品牌来说，一个个性鲜明、给人留下深刻记忆的符号是至关重要的。因为只有符号的统一，才有品牌印象的统一；只有品牌印象的统一，才有品牌管理的统一。因此，在莆田向全球品牌转型的关键时期，我们提炼出"水波纹"这一花边战略符号来统一莆田全球品牌的传播管理。通过"水波纹"，建立起品牌的储钱罐，最终形成品牌资产。

超级符号，越擦越亮；
品牌资产，越用越强！

▷ 莆田的旧符号

▷ 莆田的新符号

用超级符号打造品牌传播系统——莆田蓝、水波纹全面媒体化

　　全面媒体化，就是用媒体思维去设计企业和消费者所接触的所有环节。这是投资，不是成本。对于餐饮品牌来说，店面就是它最大的自媒体。我们立足于全球门店，将其变成品牌的传播平台，展开了阵地式的传播。

● 店外抓宣传，打造商圈明星工程

店外，我们集中火力在商圈投放，成为商圈的绝对明星，对顾客实现有效拦截，促进终端导流。

● 一切即媒体，自媒体全覆盖

同时，我们启动自媒体工程，打造店内体验系统。一份报纸、一张餐台纸、一个台卡等，所有店内的媒体都可以看作是品牌"不花钱的广告位"。

作为一个漂洋过海，初次进入中国市场的外来品牌，这是在消费者心中快速占据品牌地位最直接、最有效的方法。

新加坡RWS店　　新加坡SingPost Centre店　　新加坡Jurong Point店　　印尼Sawah Besar店
北京国贸店　　上海BFC店　　香港荷里活广场店　　深圳万象天地店

莆田食材节：用产品统领莆田的全球品牌传播节奏

　　作为媒体曝光率最高的新加坡餐厅，无论在新加坡当地，还是印尼、马来西亚，或是中国香港，莆田所到之处都会吸引当地媒体的目光。《海峡时报》《联合早报》《TODAY》等22家主流媒体曾不下百次地对莆田进行过报道，盛赞莆田餐厅的原味菜肴。

　　"品尝过才了解到每种食材的真正味道" "There is perfection in its simplicity（简单中品尝到完美的味道）"。这些是媒体发出的最多的赞叹，也是对莆田菜肴最贴切的形容。用最好的食材，做出每种食材原有的味道，这也是莆田从初创到今天一直在坚持的初心。

莆田好食材营销日历

除了媒体的认可，莆田也征服了无数食客的味蕾，林青霞、蔡澜、张智霖、袁咏仪等社会名流都是莆田餐厅的座上客。著名美食家蔡澜先生每每提到莆田都赞不绝口，并在香港主流媒体专门发表了一篇名为《莆田》的文章。

作为一个全球品牌，莆田面临的最大挑战是如何在全球门店实现步调一致的品牌传播推广动作。

在没有和华与华合作之前，莆田在各区域各自为政，各有各的传播动作。中秋节推一个活动，圣诞节做一个推广，没有形成全球品牌"一呼天下应"的品牌声势。传播动作太多，就浪费了大量的人力物力，没法形成有效的品牌资产积累。

莆田餐厅"好食材战略"是莆田的战略定位，其背后是一套企业管理系统，帮助莆田形成一套独特的经营活动，从战略定位、企业经营、产品研发、品牌传播真正实现了四位一体，最终实现总成本领先的差异化。我们以"好食材"为核心，统领起全球品牌的传播动作。这套系统既是品牌的传播平台，也是产品开发平台。

● 产地是稀缺性资源，放大莆田的资源禀赋

华与华在开始做一个项目之前，都会先看这个企业的基因和禀赋是什么。你有了这个基因就会势如破竹；如果你没有这个基因，就不一定能成功。资源禀赋是无法取代、不可复制的，是每个企业独一无二的价值，也是市场上最强势的竞争力。

合作初期，我们在做品牌资产盘点时发现，"食材"是流淌在莆田餐厅血脉里的基因。莆田餐厅起源于中国东海海边的一个小镇，当地背山面海、物产丰富。正是当地的好食材，才孕育出这一地方美食。

● **以季节性营销活动主题，形成品牌一年的"营销日历"**

生物钟营销就是建立时间的条件反射，要培养顾客到店消费的"生物钟"。莆田食材节就是品牌的"营销生物钟"，通过一年四个食材节，为消费者设置议程。通过每年不断的重复，在消费者的脑海里形成一个生物钟。这样一来每到固定时间，顾客就会想到莆田的食材节，从而也就建立起品牌对消费者的"驯养"。

通过把传播主题固化下来，形成基准，成为品牌节日，成为品牌资产，成为顾客的生活习惯，最终品牌就成为了人们生活中的一部分。

● **莆田餐厅好食材营销日历**

怎样才能成为人们生活中的一部分呢？靠的是凡事彻底和一以贯之。只有足够的重复和积累，才能建立固定的产品品牌资产！

所谓"凡事彻底"就是把一件事做彻底，做到极致，我们所有的动作都是为了积累品牌资产。

"一以贯之"就是干一件事，坚持做，年年做，滴水穿石，每年都重复，重复50年，让莆田餐厅成为好食材的符号和象征。

产品是品牌的护城河，菜品就是餐饮的护城河

2018年是莆田餐厅好食材全球统一亮相的第四年，一个外来品牌能在这么短的时间内，在竞争激烈的中国餐饮市场站稳脚跟，建立起口碑，凭借的就是对好食材义无反顾的坚持。

Food presentation and taste is good. Service is so excellent at the Courtyard Ss15 outlet. Love the interior. My fav dish is the sweet and sour pork with lychee. The fried yam is also nice

查看翻译

PUTIEN Malaysia
福建餐厅
11,083次赞

👍 赞   💬 评论   ➤ 分享

PUTIEN Malaysia 赞了

PUTIEN Malaysia
Dear Yong Choy Peng, we are so grateful for
your praised. Also we will bring this to our

📷 写评论...   😊   发布

PUTIEN Malaysia

10月3日 · 🌐

We visited the Gurney Plaza outlet. The staff were friendly and helpful, answering our questions knowledgeably. The food and drinks were delicious. At the end, we got to try a sample of the red mushroom tea and we found it surprisingly fruity and refreshing - worth the high price tag if you order it from the menu. The dishes are small, so a meal here could get... 展开

查看翻译

PUTIEN Malaysia
福建餐厅
11,083次赞

👍 赞   💬 评论   ➤ 分享

8月7日 · 🌐

I visited the Sunway Velocity outlet for my Mom-in-

点评详情

打分 ⭐⭐⭐⭐ ¥150/人
口味：满意 环境：满意 服务：满意

定期都会种草的一家店，我和小伙伴都很喜欢，肥美的蛏子，白胖胖的，看着就很美味，好食材用以简单的烹饪方式，就能锦上添花，每次去莆田吃饭，都觉得他家的美食，一如既往的保持水准，优质的服务，新鲜的食材，烹调方式健康，值得收藏的一家店

推荐：虾苗拌头水紫菜 莆田荔枝肉 薄荷枇杷冻 黄金麦片虾 铁盘盐焗蛏

写点评论吧

点评详情

打分 ⭐⭐⭐⭐⭐
口味：超棒 环境：超棒 服务：超棒

「铁板盐焗蛏」「蒜蓉蒸海蛏」蛏子新鲜肥美原汁原味 蛏子肉味甘、咸、性寒，有清热解毒、补阴除烦、益肾利水的功效。它还含有锌和锰。常食有益于脑的营养补充，有健脑益智的作用，这两种做法都爱吃

「百炒黄花鱼」鱼肉绵滑细嫩，放在嘴里像雪糕般的化开，配上鱼汤的鲜，喝下一口，绝了！

莆田餐厅（王府井店）¥132/人
北京 王府井/东单 其他中餐

写点评论吧

点评详情

打分 ⭐⭐⭐⭐⭐
口味：超棒 环境：超棒 服务：满意

为红菇鸡汤疯狂爆灯！！！怎么会那么好喝啊，香而不油腻，好像还有一点点酒的味道，让我喝的如痴如醉的！光为了这锅汤我都恨不得每天都去吃一顿～十大推荐菜里的黄鱼和卤面都不错，黄鱼肉质鲜美，卤面里面的料很足，马来风味的空心菜也很不错，主要是空心菜选的嫩，这家食材真的要点个赞！还有扁肉汤，Q弹爽口就是量有点小。

莆田餐厅（国贸商城店）¥132/人
北京 国贸 其他中餐

写点评论吧

▷ 全球消费者留言摘录

从创始人方叔叔到每一位员工，他们都秉持着这份初心，在食材上下苦功、出苦力。从原产地到餐桌，他们一个一个产品、扎扎实实地做，持续不断地给消费者到店消费的理由。最终，他们用每一道产品赢得了市场、顾客的一致好评。短短4年，莆田餐厅就以黑马之姿在中国市场迅速打响了知名度，在中国餐饮市场闯出一片新天地。

没有手艺，创意等于零；没有执行，一切都是零

华与华方法中有一句话叫作"所有的事都是一件事"。在莆田食材节传播活动上，我们用行动把这句话贯彻执行。每一个食材节的传播方案，都涵盖了产品开发、产品命名、超级话语、产品包装、产品拍摄、推广活动、TVC拍摄等各方各面。这里面的每一个环节，我们都做到了亲力亲为，凡事彻底！

在食材节的传播中，堆头是我们门店推广的一个重要道具。为什么一定要花时间在门店呈现一个食材堆头呢？因为产品上市就是门店的节日！做生意最怕冷清，不怕热闹。产品上市了，先别管别人知不知道，自己的门店要先热闹起来。

堆头就是门店对商圈内客流释放的销售信号，以堆头作为食材的传播道场，打造好食材热卖的氛围感。通过这个堆头，让每一次食材节的上新能被更多人看到、能够被注意到，增加进店消费的概率。

▷ 莆田头水紫菜节门店堆头　　　　▷ 莆田海蛎食材节门店堆头　　　　▷ 莆田红菇食材节门店堆头

▷ 提案当天，客户围观我们呈现的头水紫菜堆头

我们说，创意是关键性力量，执行是决定性力量。华与华有句金句："只有执行出来的创意才叫创意。没有执行，再伟大的创意都是零。"

广告公司跟客户提案，往往最后卡在了执行上。做了一个符号或者一个传播方案，方案看起来非常好，但客户能不能执行得出来，执行了能不能照你的效果图100%还原？说白了，我们给到的方案是不是拍脑袋，是不是在纸上谈兵？

在头水紫菜食材节的提案现场，我们就彻底打消了客户在执行方面的疑虑。

● **第一步：提案前，把堆头搬到现场**

这个堆头执行起来其实是比较复杂的：这么多物料，这么多繁杂的细节；客户愿不愿意照做；即使做了，能不能做得像效果图一样……客户心里自然有顾虑。为了打消客户的顾虑，我们想了一个招：在提案当天的现场做一个堆头出来！

说干就干，提案当天，我们把头水紫菜堆头1:1还原到了华与华的会议室。

客户本来都坐着听提案，结果堆头一呈现，大家坐不住了，纷纷走上前围着堆头拍照感叹。提案结束后，莆田创始人方叔叔当场拍板决定：莆田全球门店就按照这个样本去执行落地。每个门店都上堆头，只准上不准下。

● **第二步：创意不落地，一切没意义！**

华与华做事讲究三现主义。三现：现场、现实、现物。这个说的是什么意思呢？一定要到现场，看到那现物，以及正在发生的现实。只有到现场观察过、经历过、体验过，才会形成一个基础的认识和判断。

所以华与华所有的方案都是基于三现主义，从现场解决问题入手。在一个真实的场景里，去观察，有没有真正地做到"物尽其用"，每一个传播道具有没有发挥其本身的作用。将这些观察，转化成可描述、能落地、好推进的具体动作，落实在我们的方案创作里。

一定要到实际现场去思考问题。对着电脑那叫拍脑袋，是空想。只有在真正的第一现场做事，才能发现问题，才算把创意执行到位。这才是对自己、对客户负责任的态度。提案结束后，我们以莆田上海湖滨道门店作为样板店，亲自到门店现场摆了一个堆头出来。

● **第三步：输出一本《基础执行手册》，确保方案可执行度100%**

以上所有的工作结束后，我们输出了一个文件——《头水紫菜堆头零基础执行手册》提交给客户，里面具体到一个异形KT板应该怎么贴，渔夫帽子应该放到桌子左侧还是右侧，等等，把堆头落地过程中可能遇到的问题一一详细说明。只有我们抢先把执行过程中的困难排除了，才能确保客户所有区域的所有门店都能照着文件去摆堆头，确保我们的方案可执行度达到100%。

从打草稿到抓执行，再到追落地，我们不放过任何一个细节，把每一件小事做到位。提案时，通过现场还原的方式告诉客户，这个方案的可执行程度是100%；提案后，通过去门店亲自执行落地告诉客户，在门店，在真正的第一现场，华与华方案的可执行程度仍然是100%。

一个没有被执行过的创意是空想，一个没有被执行到位的创意是谋财害命，因为这样的创意是在浪费广告公司和客户彼此的时间。创意生了还要养，养创意比生创意更重要。亲自排除创意执行过程中的困难，看着创意真正执行到位，才是对自己、对客户负责任的态度。

▷ 莆田上海湖滨道店头水紫菜堆头

基础素材是传播生命线，记录是做好内容传播的关键动作

接下来重点说一说食材专题片，这也是我们在莆田项目里启动的一个十分重要的工作。根据不同食材种植、采收的时节，华与华带领着专业拍摄团队奔赴食材原产地，用真实的镜头记录莆田好食材，还原从原产地到餐桌的每一个过程，最终形成莆田"好食材战略"的宣传证据链。

截至目前我们一共为莆田创作了16部纪录片，每一部纪录片从最初的脚本撰写、拍摄创意、现场踩点跟拍，再到后期剪辑，其中的艰辛不亲身经历一遭，你就很难想象。

拍摄头水紫菜时，我们去了一个偏远的岛上渔村，那个渔村特别原始，1年前才通上电，整个岛上没有信号，上个厕所都要步行15分钟。夜晚，我们借宿在老乡家里，为的就是能在凌晨4点起床，跟随老乡去抓拍紫菜的采摘画面；清晨，采摘回来的头水紫菜要赶在正午太阳最热的时候摊开晾晒。从凌晨4点拍到下午6点，所有人员晒到全身脱皮、晒伤。

印象最深的就是拍摄红菇的经历，那次拍摄让我们重新认识了什么叫"爬山"。70度的陡坡上，我们在没有任何路的情况下，携带着约15公斤重的拍摄器材、三脚架、无人机，中间经历了无数次摔跤、滑坡，还遇到了蛇。奋力爬了5个小时后终于爬到山顶，就为了那一帧红菇采摘的画面……

在拍摄哆头蛏食材纪录片时，华与华和拍摄团队一起去莆田涵江哆头村进行了为期两天的拍摄。其中有一个挖蛏的场景，要拍蛏农们下到泥地里徒手挖蛏。我们在岸边拍了好几次，由于距离和角度的问题，很难拍到我们想要的效果，只能找老乡借了几套渔服，跟着蛏农们一起下去。初下泥塘，才知道挖蛏不是一件容易的事，腿一下陷到湿软的泥中，想拔出来都很费劲，如果把握不住身体平衡的话，走不了两步就会倒在泥滩上。就是在这种站都站不稳的情况下，还要扛着摄像头拍摄真的太艰难了……

我们这么做的目的，就是帮客户保留最为珍贵的资料，将原产地、好食材真实地呈现，把莆田的好食材从种植到采摘的每一步传递出来。即使在100年后，也能保证所有的内部员工知道我们食材背后的故事。这是企业内部最重要的宝藏！同时，也让全球的顾客都可以真真切切地通过镜头感受到，每一个好食材，是这么多人、付出这么多的辛苦才能端到餐桌上的。

立足于全球市场——华与华因地制宜对莆田进行全球化品牌管理

在所有全球化品牌管理案例中，企业大多会面临一个重要问题：如何既积累品牌资产，又能适应各区域的文化背景和社会环境的差异性？

我们在进行莆田的全球化品牌管理时，也面临着这一问题。那么，我们是如何面对并解决这个问题的呢？

● 产品开发，因地制宜

以香港市场为例，华与华帮助莆田餐厅在中国香港开发了适合当地市场的产品。

2018年，我们对香港8家门店逐一进行了现场走访，发现香港市场跟内地市场面临完全不同的情况。社会、文化背景不同，直接带来了消费习惯、产品需求的不同。在这个背景下，如何增加午餐进店客流？

首先，不同于内地餐饮文化，香港的饮食文化更具多元性和全球化特征。其次，香港是个高密集、高效率的商务型城市，有着流行AA制消费、午餐时间短的特点。因此，快速解决一顿饭是关键。莆田需要推出高效率的套餐或商务餐产品。

基于这个现状，我们提出了"午市产品本地化"，增加一人份套餐。只用这一招，实现了莆田餐厅在香港午餐市场的重启。

套餐推出后，莆田午餐时段的点击量直接上涨51%，进店客流量同比增加26.9%。推出3个月后，销量增加了114%，翻席率同比增长15%，客流量上涨16%。

● 品牌传播，也要因地制宜

还有一个典型的例子要跟大家分享。2018年，在哆头蛏全球门店推广期间，我们提出了"莆田哆头蛏，蛏霸上海滩"的广告语。然而，在香港，因为粤语的发音无法流畅地读出"蛏霸"这个音，我们就结合当地语言文化背景，为香港区创作了"莆田哆头蛏，食蛏新地标"的传播话语。

这句话给消费者一个明确的行动指令：吃蛏就去莆田。因为莆田是吃蛏新地标，同样也达到了传播效果。2018年，整个香港地区哆头蛏销量同比增加了51%，单店单日销售量同比增加了24%。

▷ 上海区地铁广告投放

▷ 香港区地铁广告投放

品牌年轻化——华与华助力莆田在新加坡本土焕发新活力

最后，还要说回在新加坡的品牌管理。新加坡是莆田餐厅的大本营。深耕餐饮市场18年，莆田凭借好食材和深入人心的服务，在当地早已有口皆碑。2018年，莆田品牌进入了新的爆发期，我们如何通过超级符号，帮助莆田在新加坡当地焕发新的活力？

莆田的门店就是莆田餐厅最大的产品，是重中之重。空间的作用是对餐厅消费体验作出提升和改善，因此，餐饮空间是用餐体验的重要一环。餐厅不仅菜品要好吃，店面也要更新，要符合品牌的气质和时代的需求。

从创立初期到2015年，莆田餐厅一直保留着最开始创业时的样子：传统中式的门店空间风格。大部分老顾客也都以家庭客为主，年轻的顾客并不多。

2018年，莆田餐厅启动全球市场老店翻新计划，以新加坡大本营的12家门店打头阵，又以中国大陆莆田餐厅为模板，完成了全球门店的更新及亮相。

门店空间设计的核心原则：店外要抢眼，店内不抢戏。

店外为什么抢眼呢？我们要把消费者吸引过来，所以就用醒目的水波纹，还有大面积的莆田蓝拦截消费者视线。

进店不抢戏是什么意思呢？消费者进店是来用餐的，是来看菜，而不是来看店内装修的，所以不要让装修分散了消费者的注意力。

压倒性的投入带来压倒性的收获。截至该年12月初，新加坡门店的营业额同比上涨21%，客流量同比上涨7%，其中RWS[1]店，营业额上涨36%，客流同比上涨35%。

我们通过超级符号和花边战略完成了莆田全球品牌的管理升级，在餐饮行业树立了独有的莆田式风格，让醒目的水波纹和大面积的莆田蓝成为品牌最具代表性的视觉符号，形成了管用100年的品牌资产。

---

1 RWS（Resorts World Sentosa）：圣淘沙名胜世界，位于新加坡圣淘沙岛。

新加坡 –Nex 店

更新前

更新后

香港 – 荷里活店

更新前

更新后

马来西亚 –Utama 店

更新前

更新后

新加坡门店店长访谈原话：

✔ "门头聚客力更强，年轻人能走进来了……"

✔ "10多年的老顾客来我们家都说整个店不一样了，门头很亮眼，年轻、时尚。"

✔ "很多中国来的顾客会提到在国内也知道莆田……"

✔ "有些顾客是从国内过来旅游的，也会专门到我们家店来吃，看看跟大陆有什么不同。"

华与华方法的海外实践，一举撬动莆田全球市场的业绩增长。从大中华区的品牌管理，到各区域品牌统一管理，华与华非常荣幸能参与到"莆田"的全球化品牌建设中，用超级符号和花边战略完成了莆田全球品牌的管理升级。

2019年初，莆田餐厅已在亚洲4个国家、6个区域开设了60多家分店，并且仍在持续稳步扩张中。莆田的全球化不仅是品牌的输出、文化的输出，更是产品的输出。我们立足于全球市场，用华与华方法持续不断地为品牌打造新的发展爆发点。未来，华与华也将继续帮助莆田坚持自我，坚守原味主义，打造成世界知名的中餐品牌！

▷ 2019年，莆田项目获得华与华第五届100万元创意大奖

足力健老人鞋

贺　绩／杨鹏宏

足力健奇迹，华与华助力
超级符号超级服务，筑基品牌全球化之路

2015年，怀揣着"解决老年人穿鞋问题"的初心，张京康先生以5000元的起始资金创立了足力健老人鞋品牌。在鞋行业这样一个竞争高度白热化、市场成熟度高的领域，足力健老人鞋凭借开创全新品类，专注老人鞋类别，创造了一个行业新奇迹。

2017年，足力健老人鞋与华与华达成战略合作。

2018年，足力健老人鞋双11电商销售单日破亿，位居男鞋品类第一。在中国，每6位老人中就有一人在穿足力健老人鞋，足力健老人鞋成为了2018年现象级"爆品牌"。

命名夯实品类战略：品牌名和话语体系，牢牢占据老人鞋品类

　　命名就是召唤，命名就是投资。华与华在足力健的品牌名"足力健"后面加入"老人鞋"三个字，使之成为"足力健老人鞋"，牢牢占据了老人鞋品类。这样一来，每一次品牌名的传播，都是在夯实品类基础，积累足力健老人鞋的品牌资产。

　　除了品牌名，华与华还为"足力健老人鞋"创意了"老人要穿老人鞋"的超级话语体系。这是下断言，给召唤，通过一句话，唤醒迷茫的受众。我们把这句话放在足力健门店最显眼的地方——门前堆头，让路过门店的消费者一看就对号入座："我是老人，我要穿老人鞋。"而下一句"专业老人鞋，认准足力健"，则让老人自然而然地走进店里，最终促成购买行为。

▷ 全世界随处可见的三角形城市公共路牌　　　▷ 华与华为足力健老人鞋创意的超级符号

▷ 老人要穿老人鞋产品堆头

超级符号势能强，引爆品类战略

符号的势能要强，就要打造一个全世界人民都认识的超级符号！华与华就为足力健老人鞋创意设计了这样一个超级符号。

为什么创造这样一个超级符号呢？

首先，足力健老人鞋的消费者大多是老年群体，于是我们就用一个老人形象，直接与消费者发生沟通。

而这个老人形象的特殊点在于，他头戴绅士帽，手持文明杖，健康大步向前走，使得人物形象更加生动饱满。这就是广告所蕴含的戏剧性力量。

接着，在老人形象基础上，我们找到了具有文化"原力"的公共符号——三角形城市公共路牌，用这个世界通用的符号，最大化地提升了品牌发现感，让全世界消费者能第一眼就识别、记住和喜欢我们。

接下来，我们在LOGO中增加了"老人鞋"三个字。这么做，可以让那些第一次听说和看见这个品牌的人，也能够清晰地明白我们的产品是什么，做到了品类信息的一目了然。

超级符号的每一次传播，都在为品牌牢牢占据"老人鞋"品类加分。

在字体设计上，我们充分考虑了老年消费者的特点，放大、加粗了品牌名，使品牌识别性增强。尤其是增粗了底部笔画，使得整体LOGO的视觉形象更加稳健有力。

这个超级符号指称最强、最明确，浓缩信息量最大，行为意志力最强。

华与华还为足力健老人鞋设计了英文品牌名：ZULIZ，为品牌全球化之路筑基。

同时，我们还为足力健老人鞋创意设计了一个体现关爱、保护的超级手势。

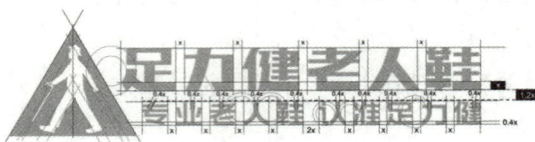

▷ 华与华为足力健老人鞋设计的英文品牌名ZULIZ

▷ 足力健老人鞋形象代言人做出超级手势

▷ 2017年首次提案后，足力健老人鞋高管和华与华团队的超级手势合影

▷ 足力健老人鞋全新门店

▷ 门店内足力健老人鞋超级符号

▷ 店内货架陈列效果

▷ 超级符号在产品上的应用

超级符号和话语体系一经确定，就全面导入了全国几千家门店。同时，我们根据超级符号重新设计了视觉识别系统，并让超级符号出现在产品上，做到一战而定。

超级符号在门店、物料、产品等领域的全面使用，为足力健老人鞋积累起了全新的品牌资产，并在不断增值。

行动成就品类战略：五大战略行动，让品类战略得到彻底执行

足力健成功开辟了老人鞋品类，以利基市场战略获得了巨大成功，但这只是第一步。企业战略是产品结构和业务组合，需要持续性和系统性的战略行动。华与华为足力健打造五大战略行动，通过极致服务七字咒、新产品开发、广告创意、持续改善、营销日历，成就品类战略。

● 极致服务七字咒，建立服务基准化

2018年，在由数千家足力健老人鞋门店构成的这个庞大的"直营+加盟"连锁门店体系里，最基础，也是最重要的还是每个单店的情况。

只有销售氛围足、单店业绩好、顾客满意度高、为经销商提供方法，才可能做到标准化开店与大规模复制，经销商的加盟与开店意愿也会大大提升。

鞋业是零售业，更是服务业。我们希望消费者进店不仅是挑选鞋子，更要感受到"超出预期的享受"。

所以华与华为品牌创意策划了一个超级服务：以"极致服务七字咒"为核心的半跪式服务体系。

它定义了鞋服行业半跪式服务的标准，让服务变得可视化，也让全国几千家门店的服务做到了统一、可复制，极大地降低了企业培养人才的成本，并让消费者感受到了不一样的服务体验，将关爱老人的企业文化真正落地。

华与华还为足力健创意了极致服务七字咒：问拿跪摸试买送。

七个字，分别代表接待客户的七个动作，其中最重要的就是"跪"——半跪式服务，把企业对客户的关爱和尊重可视化地表达出来。

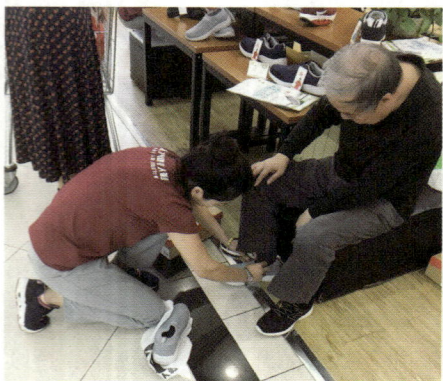

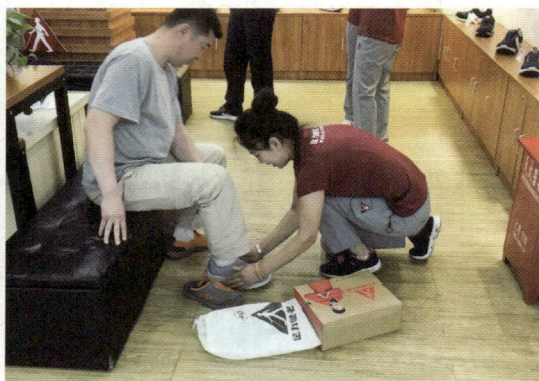

▷ 足力健老人鞋门店店员"半跪式"服务

▷ 极致服务七字咒学习卡片

【极致服务七字咒】

问 拿 跪 摸 试 买 送

△ 华与华为足力健老人鞋创意的极致服务七字咒

▷ 极致服务七字咒手机壳

▷ 2018年企业年中峰会，现场培训极致服务七字咒

极致服务七字咒歌曲歌词

足力健人个个要牢记	极致服务就是七字咒
第一问清需求有必要	买给谁穿真的很重要
第二拿鞋一次拿两双	主推旗舰单价才能涨
第三服务单腿要下跪	右腿膝盖着地不怕累
第四我来脱鞋摸脚型	辨辨脚型有没有脚病
第五试穿一定两只脚	一起穿上走走体验好
第六买单引导加微信	过节问候时常暖人心
第七面带微笑送客人	鞠躬到位动作不能省
七字咒语人要记牢	互相监督切莫忘记了
七个步骤条条要记清	要让老人得到真关心
足力健人个个要牢记	极致服务就是七字咒

▷ 极致服务七字咒歌曲歌词

同时，为了方便员工记忆，我们把七字咒做成卡片和手机壳，让企业上下所有人都能随身携带和学习。

我们还根据脍炙人口的经典旋律，制作了足力健老人鞋极致服务七字咒歌曲，每次企业会议、商学院培训和地推活动，大家都会传唱起来，真正让七字咒扎根在公司每一个人的意识中。

以"极致服务七字咒"为核心的服务体系，和"流量""团购"一起，被称为足力健老人鞋品牌经营三大法宝。华与华用超级服务重新定义鞋服行业的门店服务标准，让服务看得见，降低企业的人才培养成本、门店管理成本，提升消费者体验。

● 开发新产品，开辟增长点

开发产品就是创意购买理由，并不断强化和放大购买理由。

足力健安全鞋是足力健的主打产品系列。华与华创意了"安全夜视后跟"，在鞋的后跟处放大了足力健老人鞋的超级符号。一到晚上，这个超级符号还会发出荧光，具备夜视提醒功能。在不增加成本的前提下，就让"安全"这个产品购买理由可视化、功能化，价值外显。

此外，华与华为足力健老人鞋创意开发的加绒安全鞋，一经上市，就在2018年双11活动中表现惊艳，销量占比达20%，而电商双11单日销售额则突破1亿元，成为品牌男鞋销量冠军。

▷ 新产品开发——安全夜视后跟

▷ 新产品开发——加绒安全鞋

除了"极致服务"和"产品开发",华与华还为足力健老人鞋创意设计了"超级单页""门店六大件"等一系列关键道具与关键动作,使之成为门店标准化与大规模复制开店的营销教材。

● 1张超级单页,10万份全城扫街

单页宣传,是足力健老人鞋门店获取流量的战略性手段。根据季节节日、优惠活动、新品上市等主题,单页时常要更换。

华与华为足力健老人鞋制作了统一的单页模板,用标准化的方法降低了企业的内部交易成本,做到了"物尽其用",让单页价值最大化。

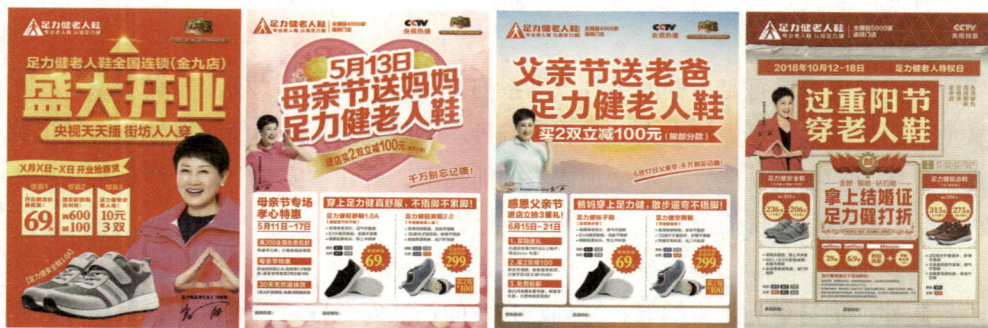

▷ 统一单页模板,降低内部交易成本

▷ 门店终端自媒体工程

每次重大活动前，我们都会研究城市人流量，画出作战地图，要求各门店发放 10 万份单页。"让单页铺满整个城市"是足力健老人鞋单页派发的目标。

单页成为了品牌的另一个超级销售道具，每一次派发都能完成一次独立的进攻！

● **三现主义，持续改善**

侧招、横幅、吊旗、地贴、立牌和洗手液，这门店六大件，是华与华为足力健老人鞋品牌创意设计的终端门店标准化物料。目前，我们又为足力健老人鞋门店新增了电视机、喇叭、展架等物料。

此外，还有终端自媒体工程的持续改善。我们要打造一个"会说话的门店"。

在华与华方法中：街道是货架，门店是包装。门店六大件，其目的就是让我们的门店从纷繁复杂的终端街道里跳脱出来，吸引消费者进店，促成购买。所以做终端门店就是要"上天入地"，无所不用其极。

更重要的是，要随时回到现场，用"现实、现场、现物"的三现主义，持续改善。

流量产品放在门口最显眼的位置。

鞋头朝向一致，按系列摆放。

货卖堆山，制造终端卖货氛围。

爆炸贴凸显价格，降低选择成本。

门口插红旗，降低门店被识别的成本。

▷ 改善前

▷ 改善后

▷ 改善前

▷ 改善后

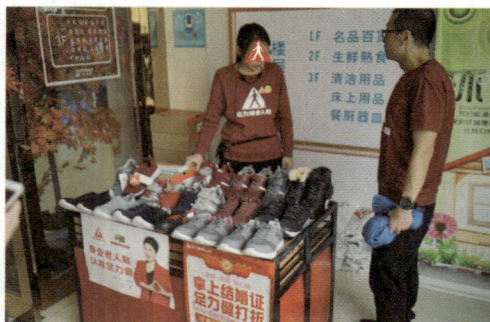
▷ 改善前

▷ 改善后

▷ 爆炸贴

▷ 门口的红旗

● 年度营销日历，打造文化现象

品牌不仅是商业思想，更是一种文化现象。品牌需要为消费者设置"消费议程"，通过打造营销日历，"驯养"消费行为，将节点营销打造为文化现象。华与华为足力健老人鞋设置了全年的四大节点营销。除了春节、母亲节、父亲节这些节点，我们还特别打造了老年人特权日——重阳节大型营销活动。

"过重阳节，穿老人鞋"是华与华为足力健老人鞋创意策划的品牌活动。我们将品牌活动嫁接在积累了上千年文化原力的重阳节上。在这样一个尊老爱老的节日里，我们让消费者在足力健老人鞋门店，感受到实实在在的福利。

重阳节自古以来就有登高出游的习俗，是一个充满健康活力的节日。2018年，我们为重阳节品牌活动设计了一个购买理由："拿上结婚证，足力健打折。"

为什么要"拿上结婚证"呢？因为足力健老人鞋的消费者大多数是老年群体，通常结婚几十年了，一路相伴的婚姻时光对于老两口来说，也是一种时间意义上的"登高"。

这一天，我们希望让老年人来到足力健门店，重温一起走过的路，因为这也是一种难能可贵的幸福。

于是，我们通过购买理由、折扣优惠、传播物料等设计，打造出了十足的仪式感，又设计制造了一个以结婚证为原型的拍照框，用创意去引爆策略。

当老人们知道这个活动后，他们在家里翻出珍藏了几十年的结婚证。通过拿结婚证、寻找结婚证这个动作，老人们重温了结婚时的喜悦。

2018年10月12日至18日，足力健老人鞋品牌活动在全国几千家门店同时举行。我们也有幸见证了无数温馨的瞬间。

我们还见证了各个年代的结婚证，每张结婚证都是一段历史。

▷ 重阳节活动主海报

▷ 过重阳节，穿老人鞋——"拿上结婚证，足力健打折"门店物料

　　华与华的一切营销动作都是以能否形成，并积累品牌资产为标准进行取舍。我们的营销动作都要为已有的品牌资产保值增值，或者形成新的品牌资产。

所以说，足力健老人鞋的重阳节品牌活动不是为了打折促销，而是为了不断积累品牌资产。今后，我们年年这个时候做，消费者就年年这个时候来。

今后的每一个重阳节，当越来越多的老人都准备好自己的结婚证，早早地来到足力健老人鞋门店的时候，我们就可以骄傲地说，"过重阳节，穿老人鞋"已经成为了一种文化现象。

足力健老人鞋成为了老年人的梦想，也成就了他们的梦想，因为这里不仅有极致舒适和专业的产品，更有关爱与感动。

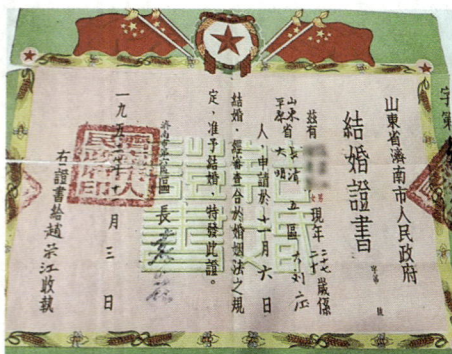

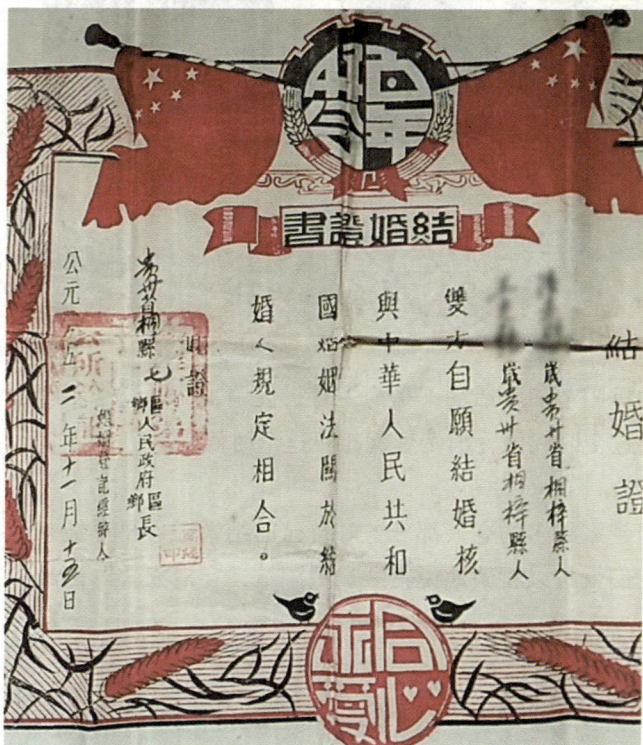

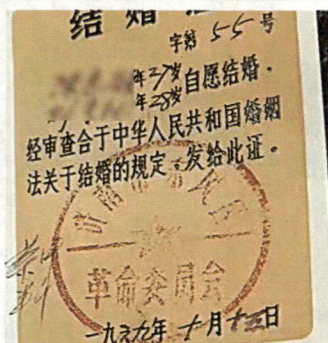

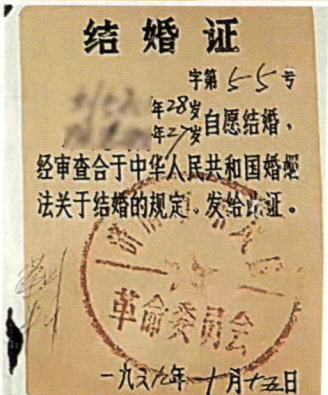

▷ 重阳节活动过程中，全国各地涌现的各个年代的结婚证

华与华为足力健创意策划足力健老人鞋重阳节品牌活动，嫁接重阳节文化原力，打造文化现象，推动足力健完成"让每一位老人都穿上专业老人鞋"的经营使命与梦想。

厘清事业理论和经营逻辑，助力足力健迈向千亿企业

华与华认为，企业社会责任、经营使命、企业战略三位一体。其中，企业社会责任不是企业的义务，而是企业的业务；企业战略不是企业的战略，而是企业为解决某一社会问题，而为社会制定的战略。社会问题=商业机会=企业社会责任=经营使命=企业战略=业务组合和产品结构=解决方案。

据国家统计局统计，截至2017年底，中国60周岁及以上人口达到2.4亿人，中国已经进入高速老龄化社会。在《健康时报》2018年发布的《中国老年人出行和足部健康调研报告》中显示，有89%的老年人存在足部疾病，而穿鞋不当就是造成老年人足部疾病的重要原因之一。因此，为2.4亿中国老人做一双专业、舒适的老人鞋，既是足力健老人鞋的责任与义务，更是企业的业务。

作为战略营销品牌终身顾问，华与华为足力健老人鞋制定了企业使命：让每一位老人都穿上专业老人鞋。并且，我们还提出，足力健老人鞋的行业属性不是时尚产业，也不仅仅是鞋业，而是健康产业——解决老年人足部健康的产业。

竞争战略之父迈克尔·波特曾提出：战略就是选择一整套不同于竞争者的运营活动，以创造一种独特的价值组合。

华与华协助足力健老人鞋制定的运营活动包括：

➤ 安全鞋、旅游鞋、羊毛鞋等产品
➤ 研究中心、足部科学研究院、中国标准化研究院
➤ 从研发、设计、生产到销售的全产业链闭环
➤ 对老人鞋和足部健康科学知识的研究

我们从华与华价值之轮，来看足力健老人鞋的经营活动。

产品：春夏秋冬四季都有不同的产品。包括华与华为足力健创意开发的"安全夜视后跟"和"加绒安全鞋"。

服务：服务创造价值。这些服务中就包括以"极致服务七字咒"为核心的半跪式服务体系。

体验：体验价值大于服务价值，体验价值－服务价值＝创造体验的机会。华与华通过对门店持续改善——包括门店六大件和对终端自媒体工程的改善——打造了一个"会说话的门店"，增加了顾客体验，收获了顾客口碑。

知识：企业是经营知识的机构，也是为人类创造新知识的前沿。华与华和足力健用户研究中心、足部科学研究院，携手中国标准化研究院，形成产学研一体化组织，不断加深对行业的研究，实现对足部健康问题及老人穿鞋问题的知识积累，做"知识龙头企业"。

以上这些运营活动，共同构成了足力健老人鞋的品牌价值。我们不但是为中国老人，更是为全球老人解决穿鞋问题。这就是足力健老人鞋的事业理论和经营逻辑。

▷ 华与华价值之轮

华杉说："'专业老人鞋，认准足力健。'足力健可以说是今年的现象级'爆品牌'了。并且，不只是产品的'爆品'，更是品牌的'爆品牌'。足力健老人鞋以细分专业老人鞋的利基市场战略获得了巨大成功，进入市场短短四年，就晋升为品类龙头，销量遥遥领先。"

未来，足力健老人鞋还将代表中国鞋品牌迈向全球，以"中国足力健"的身份，实现"专业老人鞋，中国足力健"，为全球老人带去专业的老人鞋，成为全球老人鞋产业龙头企业。在此过程中，华与华也会为足力健老人鞋持续创造价值！

▷ 足力健老人鞋创始人张京康先生在2019年年会上发言

云集

肖　征／陈伟恩

把快递盒变成超级符号
让全国为云集免费做广告

你印象中的快递盒长什么样子？是在普通土黄色的瓦楞箱上印着"包裹易碎"提示的，还是在鲜艳的红色上印着大大的品牌LOGO的，又或者是写满了"老铁，你为女朋友下单的样子贼帅"这种社交文案的个性快递盒？这些都已经out啦。

2018年，一只黄黄的小鸡快递盒红遍了大街小巷，成为了人们看一眼就爱上，看一眼就忘不掉的快递界新宠。它就是云集精品会员电商的"小云鸡"快递盒！

云集诞生于2015年社交电商2.0时代，仅仅3年就杀入了电商第一梯队，成为了社交电商独角兽企业。云集被称为"一个把创造奇迹当成习惯的企业"，曾经30秒卖出32万枚鸡蛋，54分钟卖出10万组美眼仪，10小时卖出20万个果汁摇摇杯。这种神奇的销售力主要来自云集高黏性的付费会员，这些会员不仅是云集忠实的消费者，还是云集强大的推广者。云集将商品的中间商利润返还给会员，让会员们自购云集商品能省钱，分享云集商品给他人有返利。于是云集会员们积极地将云集商品推荐给身边的人购买，同时邀请了更多人成为云集会员，享受精品低价。

可云集也面临着它的问题：云集太新了！尽管付费会员数量和销售总额一直在稳步增长，但是云集在企业战略和品牌建设上仍是初创企业的状态，充满着迷茫。作为一种新商业，云集一直在孤军奋战，它甚至都找不到一个可以参考的对象。2018年4月，云集CEO肖尚略先生找到了华与华，希望华与华能帮云集解决外界对云集的认知问题。

云集是一种全新的互联网商业模式，也是华与华方法在电商领域的首次尝试。在这一年的合作中，华与华项目组也是不断探索，用尝试再尝试的笨办法，最终为云集创造出了超级符号"小云鸡"，以及超级话语"注册云集APP，购物享受批发价"，帮助云集在竞争激烈的电商领域建立起与众不同的品牌资产。

在2019年华与华百万大奖的角逐中，云集荣获了二等奖。华杉点评道："云集是华与华的第一个电商案例，丰富了我们公司互联网案例的资产。把快递箱直接做成超级符号和超级角色，我觉得这是一个创造性的、改变命运的创意。非常棒。"

接下来，我们就来细细说说，超级快递盒"小云鸡"背后的创意思路与商业价值。

说到超级符号，我们首先要定义什么是超级符号。华与华认为，如果有一种超级创意，能让亿万消费者对一个陌生的新品牌，只看一眼、听一声，就能够记住它、熟悉它、喜欢它，并乐意掏钱购买它，甚至逢人就谈论它，它就是一个超级符号。并且，这种超级创意通常并不是一个全新的创作，而是寄生在一个大家熟知的文化原型上。大家不用去记忆这个符号，反而是这个符号唤醒了大家的记忆。比如厨邦的绿格子就寄生在可能有上千年历史的绿格子餐布上，让人一看到，思想和味觉就作出反射。再比如西贝"I♥莜"的符号就嫁接到了"I love you"这一文化母体和"I♥NY"这一国际知名符号上，让人一看就会念，一念就记住，一下就唤起爱的记忆。

▷ 看一眼就忘不掉的快递界新宠：小云鸡快递盒

品牌寻宝：寻找云集超级符号的第一步

在寻找文化原型之前，华与华对每个客户都要做的第一件事就是品牌寻宝，云集也不例外。我们要先熟悉、理解云集的业务，再去重新想象、设计它，用超级符号的方法帮助企业降低营销成本。

● 从云集的资源禀赋中找到品牌角色

在云集已经积累起的品牌资产中，我们很快就找到了超级符号潜力股"小云鸡"。"小云鸡"是云集原有的一只吉祥物，在云集已经有一定资产积累。它既是云集的官方自称，也可以作为一个不那么商业化的云集标志物，用于品牌软植入。最重要的是，它还是云集核心用户们喜爱的、会用于线下活动的道具。同时，"小云鸡"的名字有自明性。"云鸡"谐音"云集"，记住小云鸡，就能记住云集。

随着对电商案例的研究，我们越发确定：每一个电商都需要一个超级角色！天猫需要造"猫"，京东需要造"狗"，那是因为电商是纯线上的生意，它会带来品牌与消费者之间的距离感，而在流量为王的互联网时代，一个可爱的品牌角色能快速与用户建立沟通。

我们希望小云鸡能活起来，作为一个品牌角色，帮助云集从线上走到线下，增加云集线下活动的吸引力，寄生到大众生活中，在其中扮演一个必不可少的角色。

● 从孩子的视角确立"小云鸡"的基础特征

既然确立了鸡的原型，我们就要让这个超级符号——这只可爱的小鸡能被一目了然地识别出来。那么鸡的特征是什么呢？我们决定通过孩子的视角来看这个问题。如果连四五岁的孩子们都能一眼认出来，那么这只"小云鸡"才算达到了及格线。我们通过一位幼儿园园长，邀请了100多位幼儿园小朋友进行测试。我们拿出不同的小鸡形象，直接问小朋友们"这是什么"。最终的测试结果发现，鸡的特征主要靠大鸡冠、小鸡冠、尖嘴巴来体现。

但是，我们的"小云鸡"不仅要能被一眼识别是什么，还要具有独特性，让人一眼难忘。

▷ 体现鸡主要特征的元素

让1+1>2：寻找云集超级符号的第二步

当我们看到云集原来的"小云鸡"时，我们发现它真的就是一只普普通通的小鸡，既没有云集的品牌特征，也没有电商的行业特征。超级符号可不能是一只普通的吉祥物，我们要做就要做一只独一无二、非我莫属的鸡。于是"独特性"成为了我们改造小云鸡的最大课题！

▷ 原版小云鸡及其周边

其实原版的"小云鸡"在独特性上也有一定尝试，云集选择了"云加鸡"的方向，但如果不知道它是云集的吉祥物，人们很难一眼就看明白这是云和鸡的组合。这种1+1的组合方式是我们创作超级符号的常用方法：将两个大众熟知的事物组合，创造出既有文化原型，又有独特性的强势符号。但这种组合并不能是普通的组合，如果1+1不能远大于2，它就不超级。

我们举一个"解放牌变形关公"的例子，来更形象地感受一下这一点。2010年，中央美术学院雕塑系的应届毕业生毕横在毕业展上制作了一个关公形象的"解放牌汽车变形金刚"雕塑，作品名为《解·放》。如果他仅仅将"解放牌汽车"与"变形金刚"结合，那这个作品还不够超级。但当他把"中国解放牌汽车"做成了"门神关公形象的变形金刚"时，它就超级了。

超级符号，"超级"就超级在它浓缩的信息量最大、最强、最准确，大家一看就明白了，而且在潜意识中就能被它感染、影响。在"小云鸡"创作过程中，我们一开始也认为云和鸡的组合能直接卖出云集的品牌名，是一个合格的信息包。但不论怎么尝试云和鸡的组合，这只鸡都只能达到1+1=2的效果。"为了特别而特别"让项目组踩了很多雷。我们尝试过代表着"精品"的鸡加王冠方向，也尝试过"萌就是硬道理"的方向，但这些方案都让我们感觉，这只鸡不行，还不够超级。直到我们通过华与华方法，回归"品牌寄生"和"自媒体第一"的思维，才灵光一闪，找到了"盒子鸡"这一战略级的创意。

▷ 部分小云鸡创意过程

● 小云鸡独特性一：寄生电商文化场景

现在我们已经知道，这个"1+1"组合中有一个"1"是鸡的基础形象，那么另外一个"1"应该是什么？在接到云集项目的第一个月，我们就曾设想过做一只"方形的小云鸡"，但是一只方形的鸡好像只是稍有特征，也用卡通型形象尝试过。这样的形象和我们之后的几十种尝试都一样，没有"根儿"。于是，我们决定为小云鸡找一个文化上的根儿！

让我们回到电商领域中，梳理出一个消费者完整的消费旅程：消费者首先在APP上浏览商品、下单，然后开始等快递。收到快递后，消费者拆快递，体验商品，再选择是否回到线上给出评价。

在这个消费旅程中，我们的"小云鸡"该寄生到哪个场景中呢？我们突然想到，在网购中印象最深的场景，不就是满怀期待地等快递，迫不及待地拆快递吗！快递盒是云集与消费者完成沟通的最后一环，是电商品牌和消费者间最核心的接触点。

1.云集精选全球精品

2.云集收到消费者订单

3.云集寄出小云鸡快递盒

4.消费者签收小云鸡

▷ 从云集到消费者的网购旅程

● 小云鸡独特性二：云集最大自媒体

快递盒不仅是勾起网购熟悉感的文化原型，还是云集最大的自媒体。

华与华在媒体投放上有一个基本观念叫作"自媒体第一"。自媒体不是指微博微信等互联网媒体，而是我们自己。自己的包装、自己的大楼、自己的车辆……把我们所有东西自媒体化，作压倒性投入。这样，即使不花一分钱也能提高传播效率。

我们认为，包装是品牌最大的自媒体。而电商的包装不正是快递盒吗！

我们在开篇曾提到，云集的销量经常创造奇迹。每个月，云集都要发出1000多万个快递盒，一年就有超过1亿个快递盒发往全国各地。当"小云鸡"变成了"盒子鸡"，每年出现在全国各地的，就不再只是1亿多个快递盒了——那是超1亿多个免费的移动广告。快递盒跟着快递员，跟着收快递的人们出现在全国的大街小巷，日复一日地为云集带来广告曝光。而品牌资产的积累，靠的就是重复，重复，不断地重复。新版"小云鸡"从诞生的那一刻起，就决定了它将成为云集完全不同于其他电商的强势品牌资产。

要达到自媒体的效果，我们还要保证我们的超级小云鸡能从任何充满竞争的信息环境中跳脱出去，进入消费者视野，甚至撕成碎片，被丢进垃圾箱后也能被识别。

我们研究了市面上的快递盒，发现大部分电商的快递盒都属于红色系，如天猫、小红书；有的还会采用原纸板色，或用白色与红色搭配，如京东、网易考拉；极少数采用了黑色，如环球捕手。而黄色作为一个具有视觉强制性的颜色，在快递盒的用色中却还没被发掘。确立了明黄色的方案后，我们进行了2次打样，对比电脑显色与实际色的误差，把它放在各种环境中比对，看它是不是第一眼就能被发现。

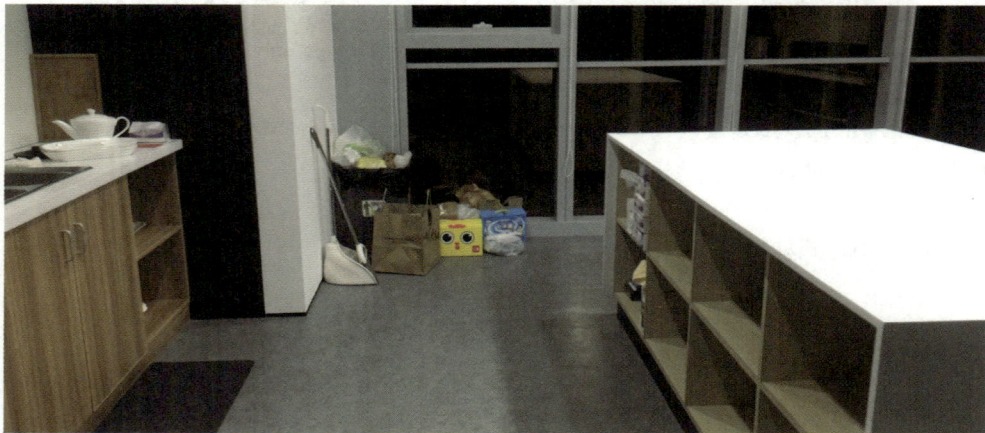

▷ 放在各种环境中都能被一眼识别

这次，我们终于舒了一口气，小云鸡"独特性"的课题成功解决了，它终于够超级了。云集的超级符号既具备了云集"小云鸡"的品牌属性，又具备了代表电商的行业属性，让消费者迅速联想到网购，觉得该"剁手下单"了。"小云鸡"又是一个可爱的盒子鸡，是云集最大的广告位，让全国都为它免费进行宣传。

2018年，《南方都市报》在报道双11战况时，就无意识地为云集做了一次高含金量的免费宣传。在新闻配图中，明黄色的小云鸡格外显眼，与其他快递盒形成了鲜明对比，这让读者立刻产生好奇。

办 中 国 最 好 的 报 纸

南方都市報

全国都市报综合竞争力第一　农历戊戌年十月初六　2018年11月13日　星期二　南都热线 020-87388888

习近平在会见香港澳门各界庆祝国家改革开发40周年访问团时强调

在国家改革开放中
实现港澳更好发展

A03-重点

我国消费渐入
"新红利时代"

南方都市報
办中国最好的报纸

昨天，宁夏银川市一家快递公司的工人在分拣快件。监测数据显示，11月11日全天各邮政、快递企业共处理快件4.15亿件，同比增长25.68%。大数据分析显示，三四线城市高端家电、智能家电的消费增长显著，我国消费渐入"新红利时代"。新华社发

一只盒子鸡，一战而定

在华与华，我们常说"不要百战百胜，要一战而定"，一次胜仗就解决问题。2018年，"小云鸡"成了当红"盒子鸡"。我们回过头来检验一下它。"小云鸡"确实达到了超级符号的标准，做到了只一眼，就能够让人记住它、熟悉它、喜欢它，并乐意掏钱购买它，甚至逢人就谈论它。

● **"小云鸡"超级不超级，看看客户喜欢不喜欢**

"小云鸡"方案提案四个月后，云集立刻召开品牌发布会，全面更新品牌形象。云集将APP内与消费者的接点都换成了萌萌的小云鸡，公众号的官方头像也换为了盒子鸡，并将"小云鸡"搬进了新公司，用于各类品牌活动中。无论"小云鸡"出现在哪里，都形成了一道明黄色的亮丽风景线。

小云鸡的品质生活

注册云集app，购物享受批发价！云集官方认证号，欢迎关注！

2018年10月23日—11月5日，云集还以大型盒子鸡快闪店，空降了杭州、成都、北京、长沙等7座城市。

云集还主动延伸周边产品，制作了小云鸡纸巾、小云鸡文化袋、小云鸡月饼等。这些产品首次上线时，通常一晚上就被会员们抢购一空。

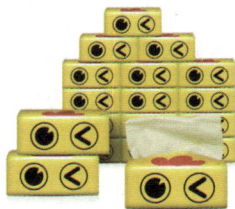

● "小云鸡"超级不超级，看看消费者传播不传播

"小云鸡"同样获得了云集数百万会员们的支持。有的会员带着"小云鸡"去旅游，有的会员拿着"小云鸡"的快递盒合影，甚至还有会员自己为"小云鸡"制作周边。

● "小云鸡"超级不超级，看看陌生人讨论不讨论

双11时，"小云鸡"占领了物流仓库，被快递员发上抖音，迅速获得了24.7万个赞、近8000条评论。评论区有人抱怨说："为什么我的快递不是这样的？"还有人好奇"云集是什么"。"小云鸡"又在无意中为云集做了一次线上广告。

在云集公司的门口，小云鸡雕塑也成了拍照打卡点，孩子们看到了总忍不住要上去摸一摸，拍张照。

在华与华我们常说："没有创意，策略等于零；没有手艺，创意还是等于零。"没有执行，我们的方案都是纸上谈兵。

让我们庆幸的是，云集是一个执行力超强的互联网公司，它对我们的方案都是不打折扣地全面执行，这才有了能推动品牌成长的超级符号"小云鸡"。2018年，云集会员数增长近1倍，销售额也增速惊人。双11期间，云集销售额突破25.9亿，同比增长160%。

▷ 截图来源：抖音APP

　　一只"熊本熊"能在2年间为熊本县带来约合人民币76亿元的收益，就是因为一个字"萌"。而我们的"小云鸡"不仅"萌"还"超级"，即使没有推广，它也能走到哪里都被一眼发现、被记住、被喜欢、被传播。2019年，我们会持续在"小云鸡"的品牌资产上玩出更多创意，说不定小云鸡就是下一个中国"熊本熊"。

先锋电器

贺　绩／杨鹏宏

今年取暖用先锋，全屋热透分分钟
先锋电器案例详解

Ladies and 乡亲们，我是你们的老朋友先锋熊。2017年10月起，我带着我家的热浪取暖器落户《亲爱的客栈》，热出湖南，热透全国，当月产品提货额增长近50%，名副其实的带货男神有木有。不用告诉我，我知道你只有一个大写的"服"字。

我的家位于宁波慈溪附海工业园的先锋电器集团。偷偷告诉你，我家可是全球最大的取暖器生产基地，主要生产取暖器、电风扇和中央电暖系统三大品类的产品。仅取暖器、电风扇领域申报专利就有200多项。其中，第二代S型油汀、第三代热浪型油汀、双层风叶电风扇技术等获得多项国内、国际发明专利。作为室内取热器标准化工作组组长单位，我们先锋取暖器参与制定了三项国家标准和五项行业标准。

中国名牌
CHINA TOP BRAND
2005.9-2008.9
授予

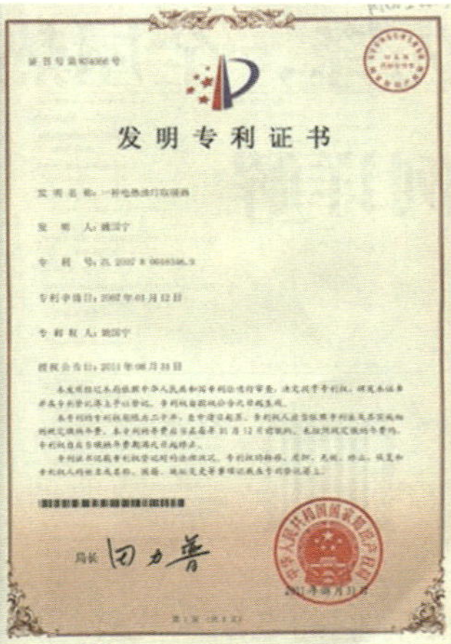
发明专利证书

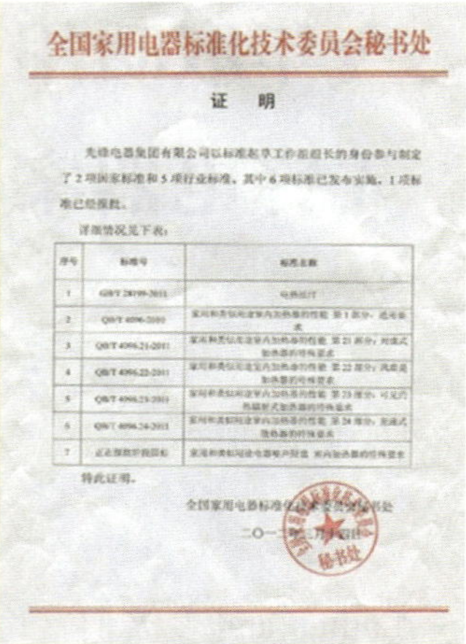
全国家用电器标准化技术委员会秘书处
证 明
特此证明。

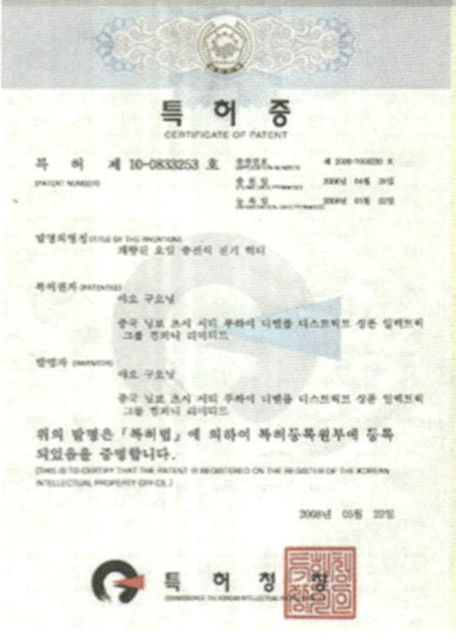
특 허 증
CERTIFICATE OF PATENT
특 허 청

The Director of the United States Patent and Trademark Office
The United States of America
United States Patent

РОССИЙСКАЯ ФЕДЕРАЦИЯ
ПАТЕНТ
НА ИЗОБРЕТЕНИЕ
№ 2336479
МАСЛОНАПОЛНЕННЫЙ ЭЛЕКТРОРАДИАТОР

自2002年起，先锋取暖器已经连续多年取得国内市场的销量领先地位，是电风扇行业前三。而且产品远销俄罗斯、日本、韩国、美国、澳大利亚、英国、法国等全世界33个国家。

有这么好的基础，华与华和先锋要有怎样的火花碰撞，才能引爆市场，点燃起冬天里的一把火呢？

没有好创意？去现场啊！

在一个炎热的7月，先锋电器项目组接到一个任务：备战2017年冬季取暖器销售季。那首先就要考虑创作先锋电器的广告语。项目组走入先锋，与公司高层沟通企业发展路径；与技术人员探讨取暖器的发热原理；亲眼观察取暖器的生产过程；走入河南、江苏、广州等地的卖场，与经销商、卖场导购、消费者进行了反复的沟通和碰撞，寻找消费者购买取暖器的购买理由。那会儿本男神还木有出生呢！

华与华方法——调研"六要六不要"

调研要自己去，不要派一张问卷去；

要下到基层去和店员交谈，不要只做高层访谈；

要蹲点观察消费者行为，不要走马观花到处看；

要问家常问题，不要问"科学"问题；

要调研消费者现有的传播行为，不要问消费者需要思考和总结的问题；

要进入"消费者语境"，不要站在"消费者角度"。

● **导购员访谈实录**

问：如果一个大叔来买了，你跟他讲东西的时候，你得怎么说？

导购：整体升温效果好。那首先就要讲它散热好，得讲它是3D立体散热，一般的热气都在上面。再有一个它是波浪形的，波浪形散热快。我们介绍的时候是说

"买大不买小"。买大的，也许半个小时你就轻轻松松把一间屋子弄热了，而同样一间屋子买小的，你得用一个小时把它弄热。大的反而更省电。

● **消费者访谈实录**

问：你这个取暖器，用了一年了，家里人说怎么样？

消费者：我是因为家里生了小孩才买的这个油汀，老婆坐月子不能吹风，而且小孩（吹空调）也受不了，太干了。她说这个油汀用起来确实比较舒服，不干燥。而且尿片啊，小孩的衣服啊，洗好很快就烘干了。

给广告语插上翅膀，让它飞进千家万户

华与华方法关于口碑有两个原理：

一是传播原理。"碑文"是原封不动的，不会传错的一句话。二是投资原理。是"碑"，就能屹立千年而不倒，就能成为1000年的品牌资产。

华杉在《超级符号就是超级创意》中说过：广告语不是说一句话给消费者听，而是提供一句话让他去说给别人听。一句广告语，一定是店员愿意用的，消费者也愿意用的。华与华对超级话语的要求是十二字方针：一目了然，一见如故，不胫而走。

一目了然、一见如故都是"播"的效果，要让人一听就明白你卖的是什么，感觉很亲切，放下抗拒心，这就降低了品牌的传播成本。不胫而走是"传"的效果，消费者听一遍，马上能传给他的亲朋好友听。这样在某种程度上降低了广告投放成本，同样也降低了传播成本。传播的关键不在"播"，而在"传"，超级话语可以跨越时空，不花一分钱地"传"。在《荷马史诗》里，这叫"有翼飞翔的话语"。长翅膀的话自己会飞，一夜之间飞进千家万户。

华杉说：要检验话语够不够"超级"，就要看它能不能用100年。超级话语100年前可以用，100年后也不过时。

2016年，先锋电器凭借第三代热浪油汀的仿生流线外形和良好的散热效果，与其他品牌取暖器产品形成强烈对比。当时的产品广告语是"全屋取暖热得快27.2%"。

▷ 先锋取暖器热销日本卖场

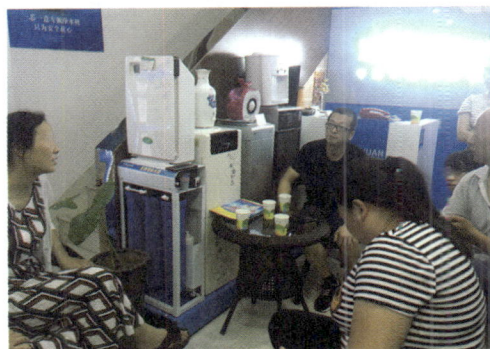

▷ 项目组河南沁阳销售员访谈

▷ 在先锋工厂学习客户业务

▷ 项目组江苏扬州消费者访谈

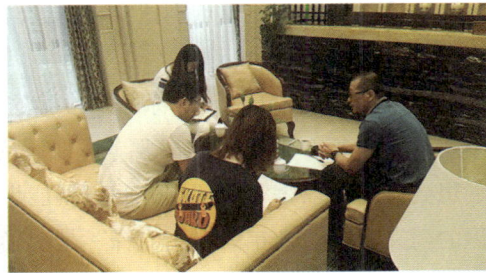

这句话有数字，但是却无法"传"。

先锋电器市场部的李总就告诉我们："我们之前的营销话术是基于竞争思维，而不是消费者思维。'热得快27.2%'就是一个竞争术语。我们试图说明，我们的产品确实比竞品散热效果好，但后来发现，消费者根本听不懂，销售员也几乎不会在介绍产品的时候这么说。"

华与华与先锋电器合作的第一天起，项目组就在思考：什么样的品牌话语才是最适合先锋电器的超级话语？

● **今年取暖用先锋**

首先，这句话要突出先锋电器的品牌名和产品的品类价值。取暖，什么时候需要取暖？冬天啊。哪个冬天？今年冬天，每个冬天。

取暖对于每个消费者都是刚需，即使在集中供暖的北方，也难保不提前降温，而在"取暖基本靠抖"的南方就更不用说了。我们选择用"今年取暖"直接带入主题和场景。一入冬，消费者必须考虑"今年怎么取暖"。

其次，这句话最好是行动句，能直接形成刺激反射，推动消费行为发生。今年取暖怎么办？用先锋啊！动词和品牌名就都出来了。也许有人会问，那为什么不用"买"或者"选"呢？

俗语不设防。超级话语就是超级口头语——我们生活中会说的话。"你家用什么牌子的取暖器""一晚只用一度电"……如果换成"你家选什么牌子的取暖器"，读起来是不是有点别扭？自己读着都别扭，那就更不会说给别人听。

当我们用能说100年的标准来检验这句话，"今年取暖用先锋"合格吗？哪年不用取暖？每年冬天我们都要考虑取暖问题，再过100年也都是"今年"。而现在一想到"今年取暖"的问题，我们就能想到先锋电器。麦克卢汉说："广告是无意识的药丸。""今年取暖用先锋"是明确的购买指令——先下断言，让他把药吞下去。有了这一句话，考虑添置取暖器的时候，他会想到先锋电器，这就为形成购买行为增加了可能性。

● 全屋热透分分钟

华楠曾经在商学院课程上说："超级话语中只有品类价值是不够的，必须有品种价值。你和其他产品相比有什么优势，基于品类价值而又高于品类价值，基于决定消费者是否买单的购买理由。当消费者在货架前的时候，他的行为就像水一样，而发现购买理由就是制造洼地。购买理由足够强，水就自动地流进这个洼地。"

先锋取暖器的购买理由很简单：全屋热透。说起"全屋热透"，消费者马上就能想象出整个屋子里暖洋洋的感觉。"这雨把地下透了""华杉讲透《孙子兵法》"……"透"字一出，整个屋子就热了。光"热"还不够。项目组在调研时发现，很多消费者会问，取暖器要多久才能热。原因好理解：买取暖器必须尽快热，开了半天不暖和，就没有买的意义了。

先锋取暖器，不仅是"全屋热透"，而且还是"全屋热透分分钟"。打开分分钟就热，你买不买？"全屋热透分分钟"就是华与华为先锋取暖器找到的购买理由。今年取暖用先锋，全屋热透分分钟！不管是商场的售货员，还是听到、看到广告的消费者，一听马上记得住，并且能告诉其他人。超级话语就是一句俗语，

是"套话"。超级话语的魔力就是让人如同坐了滑滑梯，一路滑到收银机，一气呵"成交"。

不断地说，不断地传，这样的传播就形成了先锋的品牌资产。这也符合华与华品牌三观：品牌失灵论、品牌成本论、品牌资产观。在创作超级话语的过程中，要做好两件事，一是降低品牌的营销传播成本，二是积累品牌资产。

华与华方法——花边战略

花边战略强调的是识别的效率，就像观鸟一样。观鸟的高手，一只鸟飞过，他眼角余光瞟到一眼，就知道是什么鸟，因为他熟悉各种鸟的符号性特征。华与华的识别设计就要求达到这样的"惊鸿一瞥"——撕成碎片我也认识你。

作为"撕成碎片也能认识"的超级IP，蜘蛛侠就实现了战略花边的全覆盖。创作先锋的"超级花边"，就要在先锋电器已有品牌元素中，寻找一个元素，与人类已有的超级符号画上等号。

先锋专属超级花边融合了先锋LOGO中的雁阵图形和大众交通标志，既有先锋不断向前的感觉，又能带给消费者陌生的熟悉感。

▷ 先锋专属超级花边创作

华与华方法——品牌超级角色

品牌角色是什么呢？就是大家说的品牌形象、品牌吉祥物。有人可能觉得它不重要，但在华与华则强调：每一个营销工具，都能单独完成一次完整的进攻。品牌超级角色具有超强的"单兵作战能力"。

品牌超级角色的价值：

1. 成为品牌永远免费的代言人，让它帮我们卖货。

2. 个性、生动、沟通力和感染力更强，高效建立与消费者的"驯养"关系。

3. 加强品牌在广告传播、店面形象的表现力。

4. 可以寄生到大众生活中，扮演一个必不可少的角色，永远不会过时。

说了这么久，终于要说本男神出生的故事了。一个成功的卡通形象，本身就是一个超级IP，一个商业帝国。比如米老鼠、唐老鸭、小黄人……如果能给先锋创作这样一个卡通形象，那就是百年基业。

先锋是两季产品的专家，既要给人以"暖"的感觉，又要能搭配"凉"的属性。此外，作为品牌超级角色，又一定要具有极强的亲和力和辨识度。

要画出本男神的帅气模样，可不是那么简单的事情。瞅瞅上一页的图，插画师大大的想象力真是杠杠的。宝宝当年还是百变先锋熊哪，当得了男神，hold住小清新。选定了围着箭头围巾的基本形象，插画师大大还一根一根地为我画上了白白的绒毛，最终的最终，就变成了你们现在看到的带货男神我啦！

你以为男神诞生记就这样结束了？并没有。为了让先锋熊的形象更有辨识性和文化原力，项目组的小伙伴又在人类的文化原型中，找到了"油彩"的元素。

不断创作的目标很简单，就是要在消费者心目中安上一个开关。只要看到"油彩"的元素，马上提取出大家记忆中热情、欢乐的记忆。当当当当，男神驾到！就问你帅不帅，酷不酷，想不想跟本男神一起跳舞？

▷ 传说中的创作手稿1.0版

▷ 传说中的创作手稿2.0版

▷ 创作手稿第19.0版（男神气质初现）

▷ 男神手绘版靓照

所有产品存在的地方，都是我们的货架

● 华与华方法——货架思维

华杉说："后工序决定前工序，营销是一个循环，但购买是一个关键节点，是最后的临门一脚。一切皆由货架决定，一切创意都是货架导向，这就是华与华的货架思维——要把产品出现的一切场合都视为货架。"

什么是货架？普通意义上的货架，大家天天看得到：超市里、小卖部里都能看到货架，也就是产品陈列、购买发生的现场。这是传统意义上的物理货架。

同时，在互联网如此发达的今天，我们认为网站页面也是货架。淘宝、京东、亚马逊页面无一不是货架，其实微博、微信也都充满了货架。这些虚拟货架，也是产品陈列的地方，产品的信息是完整地陈列在这些页面上的。

媒体同样是货架。虽然并不直接销售，但是它依然陈列产品，依然陈列产品信息。

此外，在所有华与华同事眼中还有一个货架：广告位。这个以后说，不跑题。华与华反复强调货架思维，就是必须要在货架上让产品的露出够明显。不管是现实中的超市货架、门店，还是虚拟的电脑、手机页面，以及身边无所不在的各类媒体，货架上一定要陈列产品，一定要突出产品，因为我们卖的就是这个产品。

● 终端全面媒体化，打造线下品牌道场

没有创意，策略等于零；没有手艺，创意等于零。先锋在不到一个月的时间里，将所有线下终端物料迅速执行下去，覆盖了全国149个渠道客户、上万家终端卖场。展台、POP物料和终端媒体结合，用"超级角色"和"超级花边"吸引消费者注意力，令消费者在卖场能第一时间发现先锋；用超级话语和产品广告语层层推进，不断提供购买理由，助推购买行为发生。

展台：结合"今年取暖用先锋，全屋热透分分钟"的超级话语，展台背景板采用了房屋造型，并配合本男神的帅照吸引消费者注意力，地台设计用红黄箭头的超级花边，不断抓取消费者眼球。此外，还搭配道旗、产品POP和终端媒体，在卖场营造强烈的存在感和卖货氛围。

产品POP物料：依据不同产品的特点提炼广告语，配合相应的物料造型，烘托整个卖场气氛。

▷ 先锋终端卖场实拍

先锋大热浪取暖器

先锋暖宝贝

先锋新一代浴霸

先锋贴心小暖男

▷ 先锋2017冬季部分终端物料

终端媒体：利用一切可利用的终端媒体，让品牌和消费者多见面，反复传播，重复重复再重复。

▷ 先锋&华与华回访山西终端

● 电商网页品牌生动化，打造线上品牌胜地

项目组还原了消费者网购的真实场景。

来之前——从搜索引擎开始，用形象吸引眼球，增加产品被发现的概率。

来之中——从首页品牌Banner开始，以产品为主角，用超级角色和超级花边使品牌生动化。

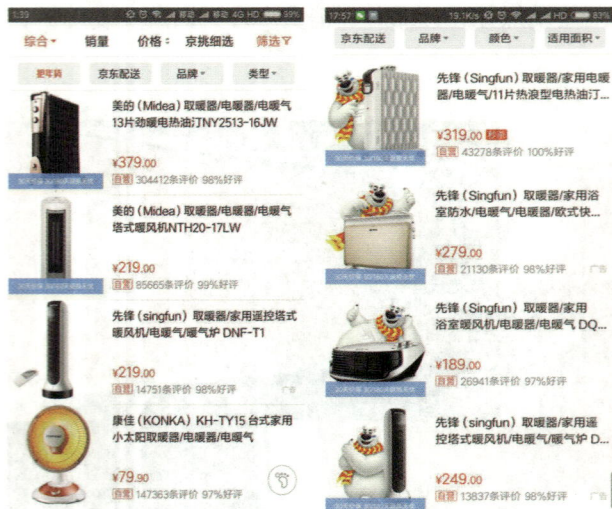

▶ 京东旗舰店

详情页：互联网上海量的信息，决定了消费者在详情页驻足阅读的时间是极短的。详情页文案没有吸引力，分分钟可能失去潜在的消费者。

先锋取暖器产品详情页通过文案创作，层层递进，提供产品购买理由；用品牌角色和超级花边进行文案逻辑区隔，同时强化品牌印记。

产品主视觉：画面在红色背景上以先锋熊卡通形象与产品的组合作为中心，突出品牌超级话语"今年取暖用先锋，全屋热透分分钟"和产品型号。

此外还设计了3个icor，体现品牌实力与产品适用面积（经多次市场走访发现，消费者购买取暖器，首先是考虑适用面积）。

《亲爱的客栈》主题页：暖心收官的《亲爱的客栈》，为先锋取暖器带来了大量粉丝。不论是来看涛姐夫妇爱心互动，还是看清尘CP实力虐狗。反复的品牌、产品露出和明星同款取暖器的诱惑，为广大粉丝朋友们提供了购买理由。

引导页：直击南方消费者痛点，冬天房间湿冷，吹空调又干又难受，随后给出解决方案"先锋热浪取暖器"，并提炼4个技术支撑点。

用红色色块、红黄箭头花边和先锋熊形象组合，来进行不同模块的页面切分。"一机多用，岂止于取暖"的主题话语，配以赠送晾衣架（可烘干衣物）、加湿盒（保障室内湿度适宜）等附加功能，进一步提供购买理由。

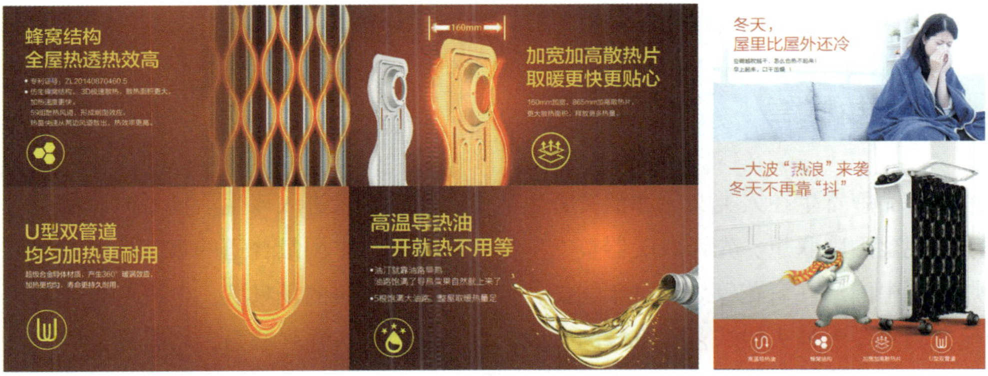

▷ 附加功能提炼&适用人群对标

▷ 2018年商品页面截图

在"妈妈用、宝宝用、老人用，全家都能用"的主题话语下，配合各类人群使用场景图，让消费者做选择题，看到适用人群直接对号入座，降低消费者选择成本。

产品安全详情页：油汀内灌装导热油，安全性能也是消费者关心的重要问题。我们以"双重安全保护你，全家取暖更放心"的主题文案，表达先锋对产品安全的保证。

产品细节展示：增加细节展示，不断提供新的购买理由；

产品参数：一目了然；

品牌尾版：强化品牌话语的同时，增加400售后电话，从心理上解除消费者后顾之忧。

产品为王，形象唱戏，多维度、多场景引爆热点

传播的本质不是"传播"，是"播传"，要发动消费者替我们传。不论电视广告、院线广告还是微博线上的传播，首先要大范围地播。

● 电视广告

将品牌寄生在人类文化和消费者生活中，当消费者进入该生活场景时，就会自动浮现出品牌联想。先锋取暖器整支广告片场景都是中国最普通的家庭场景，用红灯笼、中国结、窗花等烘托过年气氛，强化冬季、取暖的场景感。电视广告投放则配合当年冬天最火慢综艺《亲爱的客栈》，品牌植入，强强联合，将先锋品牌力推至新高度。前文提到的10月提货量较去年同比增长48%，由此而来。

● 华与华方法——电视广告创作四项基本原则

华与华创作电视广告时，一定要学习广告片四项基本原则：

（1）让人记住你叫什么名字。

（2）让人记住你长什么样子。

（3）让人行动，买！

（4）建立品牌资产，为以后卖其他产品创建品牌平台。

首先是满字诀：物尽其用，话要说满。

为什么很多企业会说自己投不起广告？一条电视广告15秒，制作费用几十万上百万，贵不贵？贵，但和投放费用比起来，真不算什么。

▷ 先锋取暖器广告片

早在1997年，秦池酒拿下央视的广告"标王"，金额就超过了3个亿。当时，一条广告片的投放费用，动辄上千万，上亿也不在话下。20年后的今天，再牛的企业投了广告都像过了双11，要有一段"吃土"的时间。

这么讲可能还不很具体，那请你先准备好纸笔，接下来我带大家算一笔账。

一条15秒的电视广告，1秒说4个字，15秒可以说60个字。但是要说60个字的话，又太满了，喘不了气（大多数人可能没有令人艳羡的中国好舌头）。所以一条15秒的电视广告脚本，要尽量控制在56个字以内。

按2000万的广告整体费用来算：$20000000 \div 56 = 351742.857142857$，2017年11月的金价是353元／克，$351742.857142857 \div 353 = 1011.736139214$。生生上演了真实版的"一字千金"有没有！一个字写出来，足足两斤重的金子砸地上，你要是企业，你心疼不心疼？既然如此，这广告怎么着也得砸出个坑来，最好能火星四射，一炮而红！

15秒56个字，一定一定一定要用完！如果用不完，就把口号或品名多重复两遍，一定不要浪费。浪费就是犯罪！浪费就是谋财害命！

然后是传字诀：创造一句话，让消费者替我们传。

先锋取暖器广告片创意的开头，项目组的大大们选择了说唱作为配音的表现形式。要说2017年最火的综艺节目，那一定是《中国有嘻哈》。短短1个月时间，说唱这种原本小众的音乐形式席卷了全中国。现在想一下，是不是和我们的先锋取暖器的火爆有点像？

说唱音乐的创作，一方面要保证韵律感强。朗朗上口，才能人人上口；人人能上口，才能传起来，才能叫传播。另一方面，说唱音乐节奏较快，这样一来文案字数最终能增加到61个字。投放过后，广告片的说唱Style和动画形式，在同时段广告片中脱颖而出，看过的观众纷纷表示自己被"洗脑"了。

项目组的目标是创作一首既流行又洗脑的电视广告歌，不仅先锋要做传播，还要发动消费者替我们传播。

再有磨字诀：好文案磨出来，能用100年。

先有鸡还是先有蛋，这可能是一个无解的世界性问题。但是，电视广告片到底是画面重要，还是配音重要？这个问题可一点也不烧脑。因为，在电视广告创作上，不要配音思维，要"配画"思维。先有音，后有画，声音是第一位的，画面是第二位的。

广告片文案到底怎么写？先上文案，我们一句一句来研究：

今年取暖用先锋，
全屋热透分分钟。
先锋热浪取暖器，
全屋热透分分钟。

今年取暖用先锋，
全屋热透分分钟。
先锋热浪取暖器，
全屋热透分分钟，
还能烘衣服哟。

第一句，今年取暖用先锋。

前面也介绍了，"今年取暖用先锋"，是明确的购买指令。我们先下断言，让消费者把"药"吞下去。并且"今年取暖"直接带入主题和场景。一入冬，消费者一想到"今年取暖"的问题，就能想到先锋。

第二句，全屋热透分分钟。

回到华与华广告片创作四项基本原则第一项，"让人记住你叫什么名字"。为什么要有这一项？做电视广告的最终目标是卖货，得让人去买这件产品。在偌大的超市卖场，无限宽广的淘宝、京东、苏宁……都得让消费者记得你叫啥，方便他找到你。

"不在乎天长地久，只在乎曾经拥有"的广告语传世多年，但是你去淘宝搜搜看，居然找不到任何和品牌、产品相关的信息。很多人都记住了这句话，却忘了这个品牌，多遗憾！

然而，我家的"先锋热浪取暖器"品牌和话语相结合，搜索时就是直接搜到我们自己的产品，完美做到"我为自己代言，买我买我快买我"！

第四句，全屋热透分分钟。

宣传的本质是重复。对于我们的购买理由，一定要重复重复再重复。

为什么呢？因为没有永远忠于品牌的消费者，只有永远忠于消费者的品牌。话只说一遍，万一他没听清呢？万一他忘了呢？万一他恰好换台没看见呢？好的电视广告，不仅话语要重复，投放也要重复，反复播，年年播，让他想忘都忘不掉。

说到这儿就不得不说脑白金那对常年在电视上跳舞的大爷大妈。他们跳了这么多年了，路上随便拦10个人，大约有8个都能背得出来"今年过节不收礼，收礼只收脑白金"，还有2个没听过怎么办？这说明播得还不够，应该继续播。

在前三句里，我们用"今年取暖用先锋"为消费者下了一个行动指令；用"全屋热透分分钟"提供了一个超级购买理由；用"先锋热浪取暖器"给出了明确的购买选项。

然后，我们在重复了购买理由之后，把这一部分再double。重要的话说三遍！重要的

话说三遍！重要的话说三遍！三遍不够怎么办？整段重来一遍！第五到第八句就有了。接下来看第九句。

第九句，还能烘衣服哟，又一个新的购买理由。

秋冬季节雨水多，衣服洗了晾在家里，一个星期都干不了。有宝宝的家庭更难过，一整盆的尿布怎么办？小宝宝难受，全家都难受。这时候你需要一台先锋热浪取暖器，不仅能取暖，还能烘衣服，妈妈再也不用担心我没衣服穿。买不买？买！

创作电视广告片，和撩妹一样一样的。小钩子要一个一个下，撩得她心痒痒的，恨不得马上把产品搬回家。

最后是戏字诀：广告就是要把戏，好广告浑身都是戏。

作为一只怕冷的北极熊，本男神享受了取暖器的福利，责无旁贷地作为先锋品牌代言人发声。

男神先锋熊动作解析1：本熊抖一抖，观众跟着抖。

话说艺术来源于生活而高于生活，本男神的演技都寄生于普通人的生活场景中。

风吹雪花往屋里飘。本男神关好玻璃门后转身直发抖的动作，是不是大家都遇到过？下雪、关窗、发抖，一个镜头就将冬天天冷的场景和感觉完美还原，刺激消费者的取暖需求，为先锋取暖器的出场做足铺垫。什么是演技派？演技派就是不着痕迹地让你把自己代入到广告场景中去。

男神先锋熊动作解析2：先锋一打开，热浪散出来。

创作电视广告，需要时时刻刻去创造场景中的仪式感。回想一下所有的电影、电视和生活场景吧。求婚的时候为什么男生一定要深情款款，单膝下跪，手捧戒指，最好旁边还有蜡烛、玫瑰，还有人放礼花？可口可乐所有的广告片中，为什么一定会有代言人举起可乐，开怀畅饮的画面？都是为了营造广告中的仪式感。

先锋取暖器广告片里为产品找到的仪式感场景，就在于本男神用这厚厚的熊掌，把窗轻轻地一开。

男神先锋熊动作解析3：戏骨老不老，围巾甩得好。

华与华为先锋提供了整套的超级符号体系创作，其中就包括红黄箭头超级战略花边。所有的事都是一件事。广告传播最终要落地，消费者在现场辨识品牌，红黄箭头具有强烈的视觉冲击力和辨识度。因此，在广告画面的设计上，项目组设计了很多"小把戏"，让花边凸显出来。看本男神这身段，这甩得飞起的围巾，怎么能不抓眼球。

男神先锋熊动作解析4：为热浪点赞，为先锋代言。

点赞是一种态度，也是新生的具有"原力"的超级符号之一。配合"还能烘衣服哟"的广告文案，本男神竖起大拇指，为热浪取暖器点赞，又给消费者送上一颗无意识的药丸。

再次提醒大家，电视广告创作的最终目标是卖货。先锋取暖器广告片从第二秒开始，产品全程出镜，多个产品特写画面，本男神浑身是戏但不抢戏。

- 院线传播——广告是基于预期收益的投资

每年10月开始到过年前，是取暖器销售的主力时段。11月开始，先锋在北京、杭州、宁波三地进行了院线及映前贴片广告投放，在双11和双12两个线上购物节点之间，形成品牌加油站，以配合广告的播出，为产品销售进一步助力。

▷ 万达三屏联动

- 微博传播

就"南北方冬季供暖差异"这一社会问题，我们邀请了实力脱口秀新星——池子，站在北方人的角度对"南方的冬季"吐槽，形成了2.2亿次以上的阅读量、228万次播放量，以及多个新浪微博大V账号转发的现象级传播事件。在双12到来之前，先锋热浪取暖器先在微博上火了一把，在让更多微博网友认识了先锋取暖器的同时，进一步积累品牌资产，为品牌蓄力。

- 展会发声

2018年3月8日，本男神携先锋取暖器、电风扇、全屋电采暖产品惊艳亮相AWE中国家电及消费电子博览会，吸引了无数参展商和参观者的目光，展示了先锋品牌实力的同时，也为先锋进一步积累品牌资产。

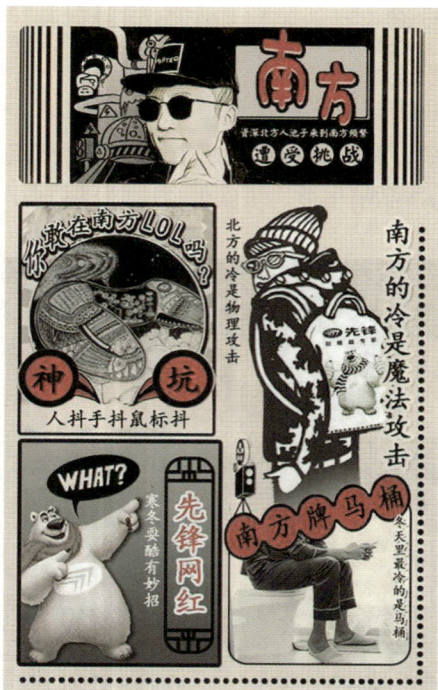

▷ 微博传播与展会发声

建立新品类，赢得解释权——先锋全屋电采暖

2017年，先锋新推出一套固定式采暖设备，包括墙面散热终端、地面散热终端，能够针对南北方不同采暖需求，订制专业解决方案。这套产品，最初被命名为先锋中央电暖系统。

从产品属性来说，中央电暖业务和取暖器的本质性差别，是从局部取暖到真正实现全屋整体升温。

一套新产品，如何迅速打开市场，被人们熟知、接受？华与华从营销的角度出发，用命名建立"全屋电采暖"新品类，用命名召唤购买理由，重新开发产品。

● 建立新品类，赢得解释权

首先，什么是品类？以先锋为例，先锋墙暖是一个品种，先锋地暖是一个品种，而先锋中央电暖系统则是能够统一所有品种的品类。谁能够定义品类、建立品类认知，谁就拥有这个品类的解释权。

那么先锋是如何建立新品类的呢？答案：命名！

我们前面提到，实现全屋整体升温是中央电暖的价值，也是产品的购买理由，那为什么不把"全屋"这个词喊出来呢？先锋全屋电采暖的命名，建立了"全屋电采暖"新品类，是对中央电暖系统这个产品的重新定义、重新开发。

那么，本男神就带你看看命名创意的四大要点：

1.品牌为先——随时随地积累品牌资产。

2.场景体验——将使用场景直接嫁接在产品上，形成刺激反射，占据"全屋"这个词，将全屋与先锋电采暖画上等号。

3.产品品类——直接表明产品是什么，将电采暖产品品类名正言顺地在命名上讲出来。

4.节约品牌传播成本——消费者已对"全屋"的概念有一定认知，以"先锋全屋电采暖"为业务命名，可以降低消费者的教育成本，降低品牌传播成本。

先锋 全屋 电采暖

基于这四个要点，"先锋全屋电采暖"新品类华丽诞生啦！

● **一句不设防的谚语说动购买**

有了命名，我们还需要一句超级话语说动购买。怎么办？有套路。华与华品牌谚语填空法，围绕产品创意全新超级话语"先锋全屋电采暖，地暖墙暖全屋暖"。

咱们具体来看品牌谚语填空法三步走：

第一步填入品牌名——先锋；

第二步填入品类名——全屋电采暖：

第三步填入购买理由——地暖墙暖全屋暖；

华与华一直强调，广告要么用陈述句，陈述一个事实；要么用行动句，要求人行动。"先锋全屋电采暖，地暖墙暖全屋暖"就是一个陈述事实的句子，说动购买的例子，一句朗朗上口的品牌谚语。

● 一家超级门店，完成场景和体验的整体升级

> 凡是真的体验了我们产品的消费者，没有说不舒服的，我们今日头条免费体验了这么多家，体验以后基本上都买单了。
>
> ——杭州中央电暖店员

从店员的口中，我们了解到体验升级对门店设计至关重要。如何将冰冷的产品陈列转化为可感知的产品体验，华与华为先锋设计了全新超级门店。看图说话，超级门店原来是这样打造的！

1.一个自带"流量"的展示橱窗，为门店引流。生动的橱窗设计紧抓眼球，促使顾客直接进店。

2.产品场景化设计，让顾客对号入座。客厅、卧室、卫生间……空间设计把消费者带入使用场景中，加速购买决策。

3.设置取暖体验间，实际感受取暖效果。消费者可以进入玻璃房内，实实在在体验采暖过程，屋子升温快不快，是局部升温还是整体升温，与其费尽唇舌地介绍，不如让消费者来次亲身体验。

4.产品解剖展示区，满足好奇，建立信任。接触新产品，消费者总会有陌生感，不敢轻易相信那些不熟悉的东西，也会产生好奇，想知道这到底是什么东西。

所以，我们在门店内直接开辟了一块产品解剖展示区，消费者能够看到地暖铺设有哪几层、每一层由什么材料组成、这些材料又有什么等点，这样一层层剥开产品，把细节展示给消费者，自然会满足好奇心、消除陌生感，推动购买决策。

▷ 新门店设计效果图

▷ 产品体验间

尾声

　　"今年取暖用先锋，全屋热透分分钟。"华与华为先锋电器创作了一句传播力十足的超级话语、一个圈粉无数的先锋熊超级角色、一个洗脑的先锋取暖器广告、一套线上线下全覆盖的全面媒体化终端，迅速引爆市场，也为先锋持续积累品牌资产。而这一套"组合拳"的基础，是先锋优质的产品和高效的执行。

　　对于新业务，华与华通过命名重新开发产品，建立先锋全屋电采暖新类别，制定相应的品牌传播和推广战略，打造一家超级门店，完成场景和体验的整体升级设计。以上，就是华与华在先锋项目上的智慧结晶。

肯帝亚

贺　绩／杨鹏宏

肯帝亚超级地板
一个超级符号，一场地板革命

2016年10月19日，在人民大会堂，肯帝亚发布了一款新品，一款"敢说0甲醛，铺好就能搬"的超级地板。

什么样的一款地板值得在人民大会堂开发布会？它又为什么能在短时间内吸引了肯帝亚所有经销商的关注，刮起一股席卷全国的购买风潮，还能入选华与华超级案例大奖赛呢？

行业背景研究

德鲁克说：企业就做两件事，创新和营销。

而在华与华方法中，我们也有一条重要的指导思想：企业是社会的器官。

任何企业得以生存，都是因为它满足了社会某一方面的需要，实现了某种特殊的社会目的。这是企业最深层的本质。

今天，在中国乃至世界范围内，家装行业都有一大痛点：甲醛问题。这一点在地板产品中尤为突出。强化地板曾经因为花色丰富，时尚又耐磨而风靡市场。但与之相关的甲醛超标事件频频被报道，消费者闻甲醛而色变，强化地板也就不再流行了。难道，健康与时尚兼具的地板就真的不存在吗？

肯帝亚创建于2003年，目前在江苏的丹阳、涟水，安徽的滁州、砀山建有占地2000余亩的生产基地。公司主要生产地板、地面新材料、木门、木饰面、收纳、高密度板、刨花板与智能木结构洋房等产品，涵盖研发、生产、销售等多个业务板块，在全国范围内拥有超过2000家品牌专卖店。同时，肯帝亚的产品出口欧美的45个国家和地区。

肯帝亚先后获得"国家高新技术企业""国家免检产品""中国名牌""中国驰名商标""出口免验企业"和"镇江市长质量奖"等荣誉，并坚持与知名院校合作，始终保持着技术优势。

自成立伊始，肯帝亚就一直以创新为己任，重金投入研发，这才使得2016年的一款"全新材料零甲醛地板"问世。

肯帝亚新材料地板，采用SPP石岩粉高分子材料，有蓝色柔韧回弹科技的独家专利技术，全程无须使用任何胶水，从原料到生产工艺真正实现零甲醛，同时还具有防水、防滑、静音、耐磨等诸多优势，是复合地板升级换代后的产品。

当时的建材行业整体市场规模超过4万亿元。其中，整个地板行业占近700亿元。地板行业的市场规模相对较小，但是竞争却异常激烈。一般一个建材市场里，就有一层楼全是地板销售门店。而在地板行业里，强化复合地板又占据了半壁江山。对于我们这样一个新的品类，要让它能够卖起来，困难重重。

肯帝亚新材料地板虽然优势显著，但毕竟是一个新鲜的事物。如何让老百姓接受它？怎样去引导消费者购买它？肯帝亚董事长郦海星陷入了沉思。仅是这款新材料地板的命名，就让他思虑再三。

风云际会

2015年11月，肯帝亚与华与华第一次会面沟通。会议现场，在项目组了解了这款地板的各项性能后，当场就迸发了不同凡响的创意产品名：肯帝亚超级地板。

华与华方法认为，命名就是成本，命名就是召唤，命名就是投资。新产品需要一个新命名，不仅听起来要足够霸气，而且消费者要耳熟能详，朗朗上口（相信大家一定知道"超级英雄""超级女声"，以及"超级"这个词本身的意义，不需要人们去解释）；既能体现肯帝亚这款新产品的超凡功能性，还能体现它优于其他任何一款地板的实用性。

于是，"超级地板"的创意就这样在现场诞生了。

在华与华方法中，我们还讲求"三现两原"。"三现两原"主义就像"三大纪律，八项注意"一样，成为我们每一个项目开始时的指导性原则。

"三现"指现场、现物、现实——去现场、触摸现物、感受现实；"两原"就是原理和原则——找到原理，制定原则。受到这个行动纲领的指导，项目组展开了大规模、全国性的市场走访。正是这每一次的走访，为我们后期的工作打下了坚实的基础。

市场调研与访谈

肯帝亚与华与华达成合作后，2016年1月，华与华项目组便迅速展开前期调研工作。

我们首先进行了肯帝亚内部访谈。访谈是一个项目启动的最初环节，也是奠定后期项目运作的关键，有时甚至是决定性环节。华与华有一套完整的访谈和调研方法指导，这些在《超级符号就是超级创意》这本书里已经介绍过了。

访谈中，华与华对肯帝亚的企业概况，以及它的产品结构优势等内容进行了全面、详细的了解。

对产品深入了解，对企业的经营情况进行了解，掌握一个企业的经营和企业禀赋。这也是华与华的工作原理之一：学习企业的业务，了解企业的业务，然后重新想象和重新设计企业的业务。

在访谈的同时，项目组为肯帝亚制定了超级调研工程，进行了市场走访。

华与华项目组带着各种问题，穿梭于各大建材市场，不遗余力地与消费者沟通，观察消费者的行为。此外，项目小组也没放过任何一家店员给我们的产品基本信息与产品优势信息。

我们坚信，只有这样才能找到产品卖点，找到最能卖货的那句超级话语。这句超级话语完全来源于市场，来源于消费者的诉求，来源于消费者的痛点，更来源于

▷ 项目组建材市场走访

▷ 项目组在北方某建材市场解说超级地板

肯帝亚的产品优势。

而超级符号是让消费者在"惊鸿一瞥"间就能记住肯帝亚的视觉符号。它是最能卖货的创意元素，贯穿着企业策略制定的全过程。创意一直就隐藏在你的身边，你只是需要一双发现的眼睛，以及一颗去感触的心。

调研的关键就是要了解消费者的故事，故事里有时间、地点、过程和情绪。在华与华的调研方法论中，一切调研都在现场。我们坚信只有深入市场，才能发掘消费者痛点，并创造出最强势、最准确、最卖货的超级符号。

去现场，一切创意在现场！华与华始终贯彻"三现"主义，去现场，感受现实，触摸现物。

当时项目组当街碰撞创意火花的场景，至今仍历历在目。我们今天可能是一个"消费者"，到各个竞品店去做消费者体验，寻找这个行业内销售人员的卖货套路和招数；明天就可能去和店员交谈，甚至自己去卖地板，还原真实的消费场景。

在调研过程中，我们发现：肯帝亚所属的建材行业有其固有的消费特色。一般家庭可能10~20年才会去一次建材市场，因为装修房屋或者购买家具并不是天天发生的。所以建材市场大多集中在城市郊区，在建材市场也就很少能够看到大量的客流。

有一天，我们来到了南京某建材市场。考虑到建材市场的这种特殊性，我们商议后决定：扮演某北方公司来南京的外派人员，想要寻找一家地板商，为我们分公司在南京新开办的办公室装修选材。

这也是调研的乐趣之一。你可以像电影里的人物一样，随时转化角色，切身体会一个环境。

导购员首先热情地询问我们想装什么样的地板，我们也就趁机向他们问起有什么推荐的。或许以前也有不少"商业间谍"来过吧，导购员谨慎地问道："你们不是厂家业务员吧？"不过，我们坚称自己是来采购办公室地板的。导购员又将信将疑地问了我们房子的位置以及大小。于是，我们把之前做足了功课的"设定"说了出来：目前还在选址，在人流量中等以上的位置，预计除了需要一个容纳30~50人的办公室外，还需要一个董事长办公室、一个大会议室和两个小会议室。

顺便一提，这倒不完全是在撒谎——这些都是我们按照自己办公室的框架说的。

了解到我们的需求后，导购员为我们开出了一个办公系统地板的装修方案：董事长办公室用实木地板，有档次，颜色也有气势；会议室用复合地板，接待客人不会掉面子；办公室用性价比高一点的（低价）地板，外观好看，表面坚硬、耐用。

这时，我们注意到，当员工说到低价格的产品时，都不愿意提强化复合地板这个词，因为大家可能都知道这类产品会挥发甲醛，所以导购员在介绍的时候，基本集中于介绍产品的外观和耐磨这个特点上。

就像这样，我们项目组一行耗时20天，走访7个省份，拿出了10大品牌提升方案。虽然最终都没有通过，但是形成了肯帝亚品牌的初步战略构思。

肯帝亚超级符号的诞生

在对国内建材行业及该行业消费者进行了充分的调研后，项目组开始了超级符号的探寻之路。

什么是超级符号？

超级符号能让亿万消费者对一个陌生的新品牌，只看一眼、听一声，就能够记住它、熟悉它、喜欢它、乐意掏钱购买它，甚至逢人就爱谈论它。超级符号能够让一个新品牌，在一夜之间，成为亿万消费者熟悉的老朋友，并且迅速建立品牌偏好，发动大规模购买。而新的产品要让人熟悉它、喜欢它，就需要把它嫁接到消费者本来就熟悉、喜欢的符号上去。

很多人往往会错误地认为，超级符号就只是一个几何图形。在《超级符号就是超级创意》中，对超级符号有过这样一段描述：超级符号是人们本来就记得、熟悉、喜欢的符号，并且会听他的指挥；超级符号是蕴藏在人类文化里的"原力"，是隐藏在人类大脑深处的集体潜意识。

超级符号具备三个功能：最强烈、最明确的指称识别功能；最大、最强、最准确的信息压缩功能；具有对人影响力最强，且影响的人最多的行为意志力控制功能。

如果人们没有发明"品牌"这个词语的话，用"符号"来表述"品牌"的含义或许就更加准确了。在华与华，我们更喜欢为客户"建立一个符号系统"。

项目组对肯帝亚项目完全按照"建立一个符号系统"的理念来推进工作。在为肯帝亚策划和设计的符号体系中，主要包括以下几个内容：肯帝亚超级符号、超级角色、超级话语、超级话语体系。

一个纷繁嘈杂的环境里，要想让一个普通的门店被人们注意到，你必须找到醒目的颜色，抓取消费者的眼球。

华与华方法说：用色如用兵！在品牌战略的头脑风暴会议上，项目组找到了最适合地板的蓝黄建材色系。黄色代表健康、活力和强烈的视觉冲击力；蓝色代表着科技、安全和稳健。

而人格化形象是品牌永远的代言人，是品牌永远的文化"原力"，例如横扫全球的"威猛先生"。于是，华与华为肯帝亚创作了代表力量、信赖与承诺的"肯帝亚先生"。肯帝亚先生的形象为肯帝亚注入了超强的识别度与超强的信赖感，也为肯帝亚的百年发展里程注入一针强心剂。

肯帝亚超级先生的强势品牌形象，令人一见如故，过目不忘。肯帝亚超级先生竖起的大拇指超级自信，信任感十足；肩上的喜鹊象征"健康、环保、吉祥"，增加了肯帝亚先生的亲切感，也传达了绿色环保的品牌理念，寓意肯帝亚有开启"中国家装材料超级健康新时代"的决心。

肯帝亚超级地板™

　　你可能会以为这样一个形象的创作很简单——我们想到了，然后找插画师一下就能完成了。其实，你今天看到的肯帝亚超人形象，经过了我们项目组优秀的插画师两个多月的忘我奋战，其间经历了接近10个形象的创作。每一次创作完成，我们都以为是最好的了，但还是被推翻，继续画。就算是最后确定的肯帝亚先生形象，我们也做了多次的修订。高矮胖瘦、人物的年龄、披风的样式……这些都离不开插画师辛苦的付出和高超的画艺。

　　在品牌色系与形象确定之后，我们深知肯帝亚还缺少一个最关键、最能卖货的超级话语。那么，如何用一句话就说动消费者购买呢？

肯帝亚超级口号——直击痛点，促成购买

带着问题，项目组又穿梭在了各大建材市场。我们扮演导购员、夫妻店主，一待就是一整天。我们在现场观察着消费者的购买场景，最终，也还是在现场，我们从超级地板的众多优势当中，发现了能够打动消费者的最大优势——消费者们对零甲醛的健康需求。

那是一个冬夜，项目组已经在兰州进行了连续几日的市场走访。按照约定，我们在那一天扮成了肯帝亚门店的营业员，把我们对肯帝亚产品的理解直接说给消费者听，观察消费者的反应，看看针对这样的产品，真正能够打动消费者的究竟是哪一句话。

冬天恰好是建材市场的销售淡季。直到夜晚，我们才终于等到了一个客户。我们兴奋地向客户介绍起了肯帝亚超级地板。

"我们这个地板是用新型材料制作的，有很多优点。首先，我们这个地板零甲醛。"

"零甲醛，怎么可能？"我们注意到顾客的目光变得好奇而又有些怀疑。

"这就要从我们家地板的材料和制作工艺说起了。首先您看这个地板，它……"我们"乘胜追击"，把超级地板的优点一股脑儿全说了出来：防滑、防水、静音降噪、耐磨、柔韧……

其实那时已经很晚了，建材市场就要关门了。我们了解到这一对客户住得很远，接下来还要坐公交车回家。在结束了推销之后，我们问这对客户，为什么愿意在我们这里听我们说上半天。

其中一位客户无意间说了一句话："我们逛了一天，没有哪一家敢说零甲醛，就你们家说，我才愿意留下来听你们说。"

就是它！超级口号就这样诞生了。

"敢说0甲醛"是消费者的原话，也是消费者最认可的话。这句话直接刺激着消费者的神经。

"敢说"是口语，被理解的成本低，便于传播。而且"敢说"可以将我们的产品与一般产品进行区分——我是敢说的，但别人是不敢说的。同时，用"铺好就能搬"给出具体的利益和结果，打动消费者。

"敢说0甲醛，铺好就能搬"不仅可以印在广告画面上，还是导购能随口说出的销售话语。这句超级话语完全来源于市场，来源于消费者诉求，更来源于肯帝亚的产品优势。

项目组在口号和形象推出后，再次回到市场，去现场检测效果。在一家竞品门店，我们试图寻找一款零甲醛产品，进行试探性购买时，这些门店的店员经常脱口而出："你去看这里谁家敢说'零甲醛'！"我们听完，看着店员，心里忍不住想：肯帝亚超级地板就敢呀！

购买理由促成交易

是不是有了一句口号就结束战斗了？当然不是，我们还要给消费者一个强烈的购买理由。这个购买理由最好非常强大，还必须能在销售场景中被理解。也就是说，我们提供的购买理由，翻译一下，就能成为我们提供给销售人员的销售话术。

我们已经有了超级口号："敢说0甲醛，铺好就能搬。"于是，结合产品本身具备的诸多特点，围绕肯帝亚地板的购买理由，我们又为肯帝亚超级地板构建了六大超级话语体系：

1.超防水，泡水不变形不起泡
超级地板表层经UV环氧树脂工艺处理，拥有完美的防水工艺性能。

2.超防滑，遇水更具摩擦力

表面超级耐磨层具有独特防滑性能，遇水反而增加脚下摩擦力，降低滑倒风险，是机场等大型公共场所的首选地面装饰材料。

3.超柔韧，孩子老人摔不疼

超级地板采用创新柔韧回弹科技，让您和家人在地板上尽情嬉戏，不再担心摔疼。

4.超静音，吸走20分贝噪音

在机场、医院、学校、百货商场等大型公共场所，超级地板能吸走20分贝噪音。一铺上超级地板，世界就仿佛安静了下来。

5.超耐磨，耐磨指标优于国家标准

耐磨系数高达10 000转以上，耐磨指标远优于国家标准。

6.超防火，离火自然灭

超级地板防火级别达到B1级，离火自然灭，厨房铺超级地板，更安全。

超级道具——门店水幕墙

华与华方法讲究货架思维，要求每一个人始终围绕最终目的，随时回到原点思考。货架思维就是指，我们在策划或者设计工作开展的时候，就应该像站在货架前一样，在"货架"前面思考。我们的一切思考都是场景化的。

首先，这个场景里与现实中一样有琳琅满目的商品，或者说是竞品，也就充满了竞争对手的信息。在这个场景里，你不可能是唯一的主角。如何才能让消费者一眼就在千万商品中发现我们的产品，又如何让消费者在发现之后，还愿意拿起来呢？为了这一眼，我们要放弃很多无效动作。

其次，你要记住，一定要记住，随时要记住：货架前站着有血有肉的消费者。你要时刻想象：这里是一个消费者经过的地方，这里有个第一次来的人，这里也有经常来的人……我们设计一个产品包装就是为了和他发生沟通，去抓取消费者的注意力。

你的商品不在珠穆朗玛峰的顶峰——珠峰之上可以只有你一个人，但是那里缺少有血有肉的消费者。

在货架思维中，最核心的是虚拟消费者，而最重要的是"第一眼"。没有这个第一眼，我们所有的努力都是废动作。我们所有的努力都是为了沟通的发生，这是产生购买的基点。只有发生了沟通，消费者才会关心你说了什么。比如，你卖感冒药，你就要对正在流鼻涕或者咳嗽的人说话，把症状以及对策马上说出来。

另外，还有两个关键环节：一是发现感，二是价值感。

接下来，我们就用项目组设计总监的例子，为大家揭示我们是如何运用特殊道具，为肯帝亚打造一个超级门店的。

有人可能会觉得门店设计不属于对产品的包装。其实货架思维中的"货架"并不特指超市的"物理货架"，还包括网页上的"虚拟货架"，同时也包括户外广告的"媒体货架"。这里重点谈一谈物理货架。

物理货架分为两种类型。一种是超市里陈列商品的货架，也就是大家传统意义上理解的货架；另一种是大街上或者市场（比如建材市场）里的终端门店。

类似肯帝亚的这一类企业，大多采用终端门店的销售形式，那就要包装一个让人一眼就可以发现的门店。你要使用粗壮的线条和条纹，或者抢眼的、出挑的颜色，或者是一个吸引人的道具。在肯帝亚门店的包装打造过程中，项目组也基本上是在应用上述几项要素。因为在沿街的这场竞争当中，你并非只在和其他地板企业竞争，你还要和其他沿街的门店竞争——卖包子的、卖鸭脖的、卖卫浴的……你是在和大街上一切嘈杂的信息竞争，抢消费者的眼球。

首先从门店的名称着手。之前我们的名字是KENTIER，这个名字中国人不认识，老外也读不出来，唯一给人的感觉就是有点高大上，好像是外国品牌。项目组首先要做的就是选择一个名字上门头。所有依靠终端销售的门店，都应该注意门店的名称。

不过，当时华与华内部也有过分歧。项目组认为，我们销售的又不只是超级地板，还有很多其他品类的地板，那应该叫"肯帝亚地板"，把它放在门头上展现得更全面。

然而华杉告诉我们：你们找到了一个好的产品和命名，却自己放弃了，没有做到"始终回到原点思考"。就应该直接把"肯帝亚超级地板"放在门头上。这是你的拳头产品，你要靠这个来吸引消费者。这就是我们说的发现感。你走在嘈杂的大街上，突然看到"肯帝亚超级地板"，你会想："咦，这是什么地板？"——这是发现感。要学会极致的夸张，不要不好意思。先让人奇怪和好奇，要么让他拿起你，要么让他走进你的门店，这就是发现感的作用。"发现"之后，接下来就是要给消费者足够的购买理由，让他一路坐着滑滑梯，滑到收银台。

当他发现了你，才会在众多的门店当中选择你，走进来看看你。"哦，原来是这样"——这是价值感。地板行业在销售产品的时候，消费者往往会有个询问的过程，不会来了马上就成交，这是行业的特点。因此，吸引消费者走进来了解产品，就是成功的一个关键。当消费者了解了超级地板有这么多好处之后，他就会发出上面那样的感叹。肯帝亚超级地板为客户提供了价值。

这里就要讲讲我们设计的一个超级道具了。因为消费者总是在嘈杂的环境下和你交流，他的时间是有限的，注意力也不会集中。行业里都说，让消费者走进门店就能完成60%的销售。这多么有诱惑力！那么，除了靠门头吸引消费者之外，是否能够找到一个更好的销售道具，让你的产品特性能够一目了然地展现出来呢？

肯帝亚超级地板有很多的卖点。比如能够弯曲180度而不折断，具备B级防火标准，等等。零甲醛这个卖点也非常好，但是项目组一直困惑于如何去展示它，因为"零甲醛"看不见、摸不着。

去现场，一切创意都从现场来。

在市场走访的时候，项目组也一直在思考这个问题。有一天，设计总监徐前程突然在现场说道："咱们做一个水幕墙吧。这样可以利用这个地板不怕泡水的特点，吸引消费者的注意呢。"

"行，这个好！"合伙人贺绩说道。

就这样，做一个水幕墙这个大胆而激进的设想开始实施了。

我们根据超级地板其中一个特点，设计了一个超级道具——水幕墙。因为大家都知道地板是不能够泡水的，我们要通过这个最明显的特点，让消费者能够快速决策，缩短他的决策时间，这样才能让导购有更多的时间服务于一个客户。这符合华与华方法提到的品牌三观理论：通过超级符号降低企业的营销成本。

项目提案

2016年3月上旬，我们来到了江苏丹阳，来到了美丽的肯帝亚工厂。在这里，我们见到了肯帝亚集团董事长郦海星。肯帝亚官网上是这样介绍他的：现任江苏省政协委员、镇江市人大代表、丹阳市人大常委。

低调且年轻有为的董事长，这是郦董给我们留下的第一印象。提案之前的几次接触，让我们又一次感受到董事长犀利眼光下，透射出的那股睿智。

下午2点，肯帝亚高管陆续走进办公室，听取我们的设计总监汇报关于门店的设计原则，整个提案时间长达四个小时。

提案现场，时常能听到各种讨论与赞叹。"我觉得门店设计很精彩！""话语还不错，能够说明超级地板的优点！""名字还能够有更好的吗？""形象很超级！"

提案第二天，我们得到消息："全面执行华与华的策划和设计成果。"

▷ 门店水幕墙

▷ 品牌战略发布会

▷ 肯帝亚郦海星董事长（中）与华与华合伙人贺绩（右）、策略经理杨鹏宏（左），共同为肯帝亚先生揭幕

▷ 厂房顶上醒目的肯帝亚新形象传递着品牌的自信

▷ 肯帝亚家人们，赞

落地执行

华与华方法中有一段话：没有创意，策略等于零；没有手艺，创意等于零；没有执行，一切都是零。在品牌推广中，创意是关键性力量，执行是决定性力量。

我们项目组遇到了一个好客户。项目提案结束后，我们就看到了肯帝亚集团上下的快速反应，神力执行。

肯帝亚雷厉风行的神执行，由肯帝亚的顶层开始，贯彻到终端的方方面面。从品牌、市场、门店、渠道再到日常经营，"敢说0甲醛，铺好就能搬"的超级话语贯穿着整个营销链，在传播上也体现了"一切皆媒体"的理念。

与华与华共同确定了企业战略后，肯帝亚立即展开了"卖超级地板，做超级老

▷ 占领建材市场的优质广告位

▷ 肯帝亚超级专车

▷ 创意有效的挡车杆

▷ 各地经销商大力投放广告

板"的品牌战略发布会。全新的品牌形象为肯帝亚带来更加健康、更加国际化的品牌新力量。

线下推广

基于华与华提出的品牌战略，按照我们设计的厂房画面，肯帝亚立即着手喷刷旗下厂房。喷涂后的品牌效果格外醒目。

而品牌的推广离不开广告，更离不开经销商的全力支持。

对肯帝亚新品牌形象与企业战略高度认可的经销商们，都尽最大努力在自己所属的区域内投放广告。广告投放面之广，铺设速度之快，都让华与华大为惊叹。

肯帝亚终端门店全面升级

在建材市场广告打响的同时，全国各地的经销商也没有忘记门店的改造。当看见肯帝亚全新品牌传递的能量时，他们没有犹豫、没有迟疑，马上投入资金开展了新一轮的终端店面升级改造。

▷ 升级后的肯帝亚淮南店

▷ 升级后的肯帝亚武威店

▷ 在店内打造的超级地板专区

新形象、新门头，为各地的终端门店带来了新的活力。店内"超级专区"的打造，更为超级地板的推广添砖加瓦。

这是一次浩大的工程活动，需要每个店面根据全新的设计，改造自己的门店。每一个经销商都希望得到华与华设计总监的亲自指导，这能给他们带来信心，因为一个店最低的改造成本也要30万元。更何况很多门店在我们推出"超级地板门店"改造方案时，才刚刚完成装修不到一年，现在马上重新改造，又是一笔数目不小的额外支出。

为了让大家跟进执行，徐总监制订了前往各地详细讲解门店设计的规划。客户需要我们在哪里，我们就出现在哪里，争取为每一家门店都进行一对一的指导。

值得一提的是，李克强总理在政府工作报告中强调"健康是群众的基本需求，我们要不断提高医疗卫生水平，打造健康中国"。

在肯帝亚推广超级地板如火如荼之际，"健康中国"的理念首次被提升到了国家战略层面。2016年《"十三五"规划纲要》单列"推进健康中国建设"一章，健康中国已经上升为国家战略，有了明确目标和清晰路线图。

"超级地板，健康中国"的战役已经打响，肯帝亚超级地板事业将开启家装材料超级健康新时代，并誓将这一宏大愿景进行到底。

肯帝亚人民大会堂发布会正式召开

2016年10月19日，在人民大会堂，肯帝亚举办了隆重的"超级地板，健康中国"品牌暨新品发布会。会上，肯帝亚集团董事长郦海星、中国林产工业协会秘书长石峰、中国木材与木制品流通协会会长刘能文、中国建筑装饰材料协会弹性地板分会秘书长马金等嘉宾莅临现场，为肯帝亚地板开启了新的篇章。

华与华相信，在"开启家装材料超级健康新时代"的使命召唤下，肯帝亚带着"超级地板"，会把"超级健康"的理念传递到每一位消费者的心中，让千家万户都健康起来。

▷ 项目组全体成员的靓照

得到

颜　艳／夏鸣阳

知识就在得到

管用100年的超级符号
详解得到猫头鹰LOGO的超级符号方法

　　2018年5月26日，拥有2000万用户的得到APP正式上线两周年，发布了华与华为其设计的全新品牌LOGO和广告语。罗振宇说："华与华为得到设计的猫头鹰LOGO，我打算用100年。至少我活着的时候就用这个，就不换了。"

　　华与华为什么要给得到设计一只猫头鹰LOGO？为什么罗振宇会说要用100年？它是如何诞生的？创作原理是什么？设计的过程运用了哪些华与华方法？接下来，本文将为你一一解析。

从《罗辑思维》到得到APP——知识服务行业的开创者

2012年，罗振宇（人称"罗胖"）创办了知识脱口秀视频节目《罗辑思维》，以极具魅力的人格，传递知识与认知，吸引了上千万粉丝观众，成为了现象级节目。罗振宇也积累起一套生产知识服务产品的手艺和心法。2015年底，罗振宇用这套方法创办了得到APP：一个为终身学习者提供高效知识服务的APP。有互联网人士评价，在互联网流量红利已经进入尾声，一切可以线上化的东西都已经被线上化的时候，还能诞生这样一款以严肃知识服务为产品的APP，堪称是"最后一个互联网产品"。罗振宇和得到APP也被称为知识服务行业的开创者。

然而，作为一个互联网"新物种"，得到APP也面临一个问题：用户主要来源于过去《罗辑思维》的粉丝，增长主要靠老用户推荐，那么，应该如何向普通的陌生消费者讲清楚得到APP是什么呢？

2017年底，得到找到了华与华。罗振宇对华与华早就有过了解，开门见山地说："得到是一个成立两年的新品牌，如何用华与华超级符号、超级口号的方法，击穿消费者的'认知账户'，为得到品牌打下几个50年不变的桩子？"得到CEO脱不花还提出一个课题：目前，得到还是一个小众的圈层性产品。从长期发展的角度来看，如何在一个更大的市场打破这个圈层，建立更大的市场认知，把可能的竞争对手甩开，把竞争壁垒建立起来？

此时，开创不到两年的知识服务行业赛道已经人满为患，市场上出现了很多模仿得到的产品。得到必须旗帜鲜明地把自己和其他品牌区别开，让消费者能够一下子识别出自己，建立起品牌认知的壁垒。

"两个100年"品牌战略

华与华服务任何一个企业，都会先看这个企业的基因和禀赋是什么。

项目组对得到进行访谈时，CEO脱不花说起得到的第一性原理："人类每一次传播技术的革命，都要用新的方式，把人类历史上所有积累下来的知识再次呈现出来。得到要做的，就是用全新的方式，把人类的全部高价值知识再生产、呈现一遍。得到面临的是一个'古登堡级'的机会。"

在华与华看来，得到APP的事业，是一场人类学的宏大叙事，要放在100年的时间长度去看。

首先可以从语言学的角度考虑得到的问题。在语言中，口语居于首要地位，而文字是从属于口语的。语言是人类的第一技术，口语和语音在语言技术中居于首要地位。进入互联网时代后，人类正在重返"口语文明"，文字的地位正在下降。而语音技术和一切技术的语音化，就是现在最大、最前沿的产业。

面对这样一个以100年为价值思考尺度的新物种，华与华提出"两个100年"的品牌战略：为得到设计管用100年的"超级口号"，以及管用100年的"超级符号"。

创作"管用100年"的超级口号

得到APP是一个以交付知识产品为用户赋能的"新物种"。得到的核心能力，在于其重新生产知识的"手艺"，能为用户提供节省时间的高效知识服务——这是它的能力基因。

它的资源呢，是拥有一批头部知识大师资源，比如经济学者薛兆丰、清华管理学教授宁向东、北大金融系博士生导师香帅等，都是著名的"得到系"老师。

得到让原先遥不可及的顶尖名校的顶级知识，一下子变成了你手机里面随时可听的产品。可以说，得到APP的出现，实际上是打破了传统教育对通识类知识的"垄断"。以前学知识是看书，是去学校，现在是上得到APP。

在对得到用户的访谈中我们了解到，得到APP已经是公认的知识服务领域的头部平台。得到拥有最好的老师、最好的品控和课程质量，可以说已经成为了高品质知识的代名词，得到就代表了"知识"。

我们提出，得到要占领"知识"这个超级词语。

根据华与华超级口号的创作方法——"创作广告语就是做填空题"——我们已经有了品牌名"得到"和超级词语"知识"，还需要一句超级句式将它们联系起来。

所谓超级句式，就是这句话一出来，就一目了然，过目不忘，脱口而出，不胫而走。

超级句式的阅读速度是极快的，往往只需要一秒钟。人们只要阅读关键词，就能获得完整的意义和情绪。因为消费者脑海里已经有了这句话，我们只需要把内容嫁接到消费者脑海里已经有的信息中。

我们找到了一句已经流传了400多年的超级句式——来自16世纪英国哲学家培根的名言："知识就是力量。"

我们将这句耳熟能详，大家从小听到大，蕴藏着人类文化集体潜意识"原力"的俗语，注入到得到品牌，就创作出了得到品牌的超级口号：知识就在得到。

"知识就在得到"，这句话一出来就一目了然，过目不忘，脱口而出，不胫而走。一下子就建立了得到的权威性和熟悉感。学知识不用去其他地方，上得到APP就行了，牢牢地把"知识"这个词给占了。

而且，这句话的文化母体"知识就是力量"已经有了400多年的生命力。华与华方法说，文化母体过去有多长的历史，未来就有多长的生命力。

"知识就在得到"，这句话管用100年，没问题。

知识就在得到

创作"管用100年"的超级符号

任何品牌的终极目标，就是建立一套超级符号系统，并让这个超级符号系统在它所在的领域占领制高点。

● 寻找代表知识的文化母体

得到要成为代表知识的符号，就要从代表知识的文化母体中，去寻找符号。因为超级符号的本质，就是占人类文化的便宜，找一个人人都熟悉、人人都喜欢的符号，就能获得它与生俱来的原力。

代表知识的文化母体有哪些呢，书本？书童？孔子？苏格拉底？哆啦A梦？这些都没让我们满意。

直到有一次，偶然看到动画片《狮子王》中的猫头鹰博士形象，让我们眼前一亮，这不就是我们记忆中既熟悉又喜欢的，代表知识的形象吗？我们继续深挖，发现作为知识和智慧的代表，从古希腊神话《伊利亚特》到今天的《小熊维尼》《哈利·波特》中，都有猫头鹰的身影出现。如果出现动物角色的教授或者校长，十有八九是只猫头鹰。这让人们从小就对猫头鹰形象耳濡目染，有特别的熟悉感。

英文还有句谚语，"as wise as owl"，意为像猫头鹰一样聪明。而黑格尔的名言："密涅瓦的猫头鹰在黄昏起飞。"更是将猫头鹰和智慧、哲学联系在一起。

为什么他们都在用猫头鹰作为代表知识的符号？我们进一步探寻原因，原来在希腊神话中，雅典娜是古希腊的智慧女神，而作为她消息来源的圣鸟就是猫头鹰，猫头鹰也就成为了智慧与知识的象征。

猫头鹰作为代表知识的文化母体，已经有了2000多年的历史，而且一直通过大量的文学、影视作品和绘本，鲜活地出现在我们身边，具有极强的生命力。如果能占有这个文化母体，我们就能获得已经积蓄了2000年的，代表知识的符号能量。

并且，如果你的品牌能跟动物攀上关系，那是再好不过了，因为人们对动物天生就有熟悉感，动物符号能带来巨大的流量。

你看天猫是猫，京东是狗，腾讯是企鹅，美团是袋鼠，国美是老虎，苏宁是狮子，还有飞猪、蚂蚁金服等……互联网公司都快成一座动物园了。

▷ 猫头鹰的智慧形象

▷ 雅典猫头鹰银币

● 找到原型符号，进行私有化改造

找到了猫头鹰作为知识的文化母本，我们接下来思考的是，应该给得到一只什么样子的猫头鹰作为超级符号。华与华方法是，找到原型符号，进行私有化改造。

我们找到了一个非常具有"原力"的猫头鹰原型：公元前5世纪，古雅典的城邦币。它的正面是雅典娜的头像，背面就是一只猫头鹰。这是当时最重要的国际流通货币，现在已经成为全球最值钱的古币。

这个古钱币里的猫头鹰形象，连香奈儿都用它来开发奢侈品。

华与华的超级符号方法就是要用原型。我们只使用生命力最长、最强的原型符号。原型符号过去有多少年历史，未来就有多少年生命力。这只猫头鹰已经静静等了我们2500年，支持得到的事业100年，没问题。

找到原型符号，我们的设计师开始着手对其进行"私有化改造"，打造成得到品牌专属的超级符号。

一是把猫头鹰的头部放大，眼睛也突出放大。因为大眼睛有沟通，在盯着你看，人们一眼看过去就能发现，视觉冲击力强，刺激足够强，令人过目不忘。

二是把猫头鹰身上的羽毛剔除简化，颜色改为橙色，色彩更鲜亮，穿透力强。就这样，得到的超级符号——大眼睛橙色猫头鹰诞生了！

从雅典古钱币中复活的猫头鹰，保持了原型的身材比例，一双有智慧的大眼睛，是不是让人过目不忘，一眼就很喜欢？

▷ 插画师用猫头鹰形象设计了一系列得到APP用户的使用场景

● 创作比肩世界名校的百年LOGO符号

得到的愿景，是要成为一所为终身学习者服务的新型通识大学。既然是大学，我们对标的就是哈佛、牛津、耶鲁这样的世界百年名校。

因此，得到的品牌LOGO，应该是一个比肩世界一流大学的LOGO。我们要将得到寄生在世界百年名校的符号里，为得到赋予一个百年大学的品牌形象。

我们找到世界百年名校的LOGO符号，发现有一些共同的特点：第一，LOGO的轮廓都为"盾形"；第二，LOGO都有"书本"元素；第三，有些学校LOGO会带有各自独特的动物形象。

各大学校徽

| 耶鲁大学 | 哈佛大学 | 牛津大学 | 剑桥大学 | 普林斯顿大学 |
| 新加坡国立大学 | 香港大学 | 芝加哥大学 | 麦吉尔大学 | 伦敦政治经济学院 |

▷ 各大学校徽

    于是我们把代表知识与智慧的"猫头鹰"、代表知识的"书本",以及名校的"盾型"轮廓和品牌名"得到"做了"四合一"的设计组合。

    就这样,一个堪比世界百年名校,能管用100年的LOGO:得到猫头鹰LOGO就诞生了。得到猫头鹰LOGO让人看一眼就能记住,而且能记住一辈子。更重要的是,它是一个听觉化的设计、可描述的设计,这就降低了传播的成本。

罗胖解读：为什么得到猫头鹰LOGO要用100年

当这套方案刚刚发布的时候，引起了不小的争议，尤其是遭到了得到内部员工的反对。

罗振宇却说："这个猫头鹰LOGO打算用100年。至少我活着的时候就用这个，就不换了，因为它的刺激度足够大。"

罗胖甚至还拿了天猫的LOGO来做对比，比的就是一个刺激。

对于为什么会接受猫头鹰LOGO的方案，罗胖专门在例会直播中总结了10点：

1.设计的目的不是为了让一个东西好看，"好看"只是很低级的目标。设计的本质是这个设计有没有降低认知负担。

2.对于一个品牌LOGO来说，最核心的功能就是刺激。要用能不能记住，刺激能够达到什么量级，来判断是不是一个好LOGO。

3.得到猫头鹰LOGO的特点就是眼睛大。我们作为生物，大眼睛是天然有刺激性的。

4.好的刺激叫作"播传"，就是你看到之后，这个符号就在你脑子里被印刻下来，赶不走，还能在脑子里不断重复。

5."审美"在100年里的时间跨度里，足够产生好多轮变化。美丑先放一边，我们首先判断信号刺激大不大。

6.为什么我们信华与华？其实道理很简单：华与华是我们见过的广告公司当中，为数不多的给自己做广告的，而且是按照自己主张的理论做广告的公司。我就信他。最怕的是一个人说的话自己都不信。

7.孟子有一句话叫"与人为善"。意思就是一个人想要成事非常简单，要善于利用别人的优点。这个东西叫相信力。我们就选择相信，就这么简单。

8.如果不出意外，这个LOGO就用100年，反正我死之前谁也别想换。

9.华与华医嘱，服药有三条：药不能停，药不能换，药量不能减。

10.一个新物种诞生了，它有缺陷，但是它会随着我们的努力而永存。

品牌资产的积累，就是超级符号的不断壮大

品牌工作的本质，就是打造符号、强化符号、增值符号、保护符号。有了超级符号，就要通过投资，不断积累品牌资产，持续壮大超级符号。

● **首先在企业自身办公环境使用**

得到在办公楼打造了超级符号体验点，每个体验点都是一个合影点，成为拍照打卡点，供来访者合影留念。

● **让超级符号走进APP用户体验旅程**

截至2018年底，得到APP的总用户量已经突破2600万，平均每天都有100万的用户打开得到APP。我们在APP的干屏页、首页、新手礼包、勋章系统等用户体验旅程中植入超级符号，提升用户体验。

● **用超级符号打造线下课仪式感**

得到把超级符号应用在线下大课中，打造名校课堂的仪式感。在导视系统、签到区域、互动区域、课堂现场，以及学员学习物料等方面植入超级符号，为学员带来得到品牌的认同感和归属感。

▷ 楼梯侧面的猫头鹰成为园区的一道风景

▷ 一楼大厅入口处的超级符号和超级口号

● 将超级符号开发为超级商品

2018年双11期间，得到APP商城上线首批得到猫头鹰衍生品，吸引了大批用户购买。得到还和小米跨界合作，联名推出"得到X小爱听书音箱知识礼盒"，礼盒上线仅20小时，15 000台现货就已售罄。

● 超级符号进入得到大学开学典礼

2018年9月，"得到大学"成立，采用线上线下联动式学习形式：线上交付学习内容，线下交付社交内容。2018年10月，得到大学举办了首期开学典礼，得到品牌也从一个线上APP走到线下，还原到真实世界中。得到大学的成立，标志着得到朝着新型通识大学，迈出了新的一步。

▷ 得到APP开屏页、新手礼包、勋章体系中的超级符号应用

▷ 超级符号在课程主题区的运用

▷ 超级符号在现在合影区的运用

▷ 超级符号在课堂会场的运用

▷ 超级符号在课堂学习材料的运用

▷ 得到黄铜书签

▷ 得到充值卡

▷ 得到周历

▷ 得到新知卫衣

▷ 充电宝/暖手宝/小夜灯三合一出差旅行神器

▷ 听书音箱知识礼盒

▷ 得到大学开学典礼中的校门

▷ 得到大学开学典礼现场超级符号和超级口号

▷ 得到大学开学典礼合影

● 超级符号走进罗振宇《时间的朋友》跨年演讲现场

　　在2018年罗振宇《时间的朋友》跨年演讲现场，布置了诸多猫头鹰符号的合影打卡点，吸引了大批的观众排队与得到猫头鹰进行合影。得到的猫头鹰形象也随着跨年演讲的传播，被更多人熟知。

华杉点评得到猫头鹰LOGO诞生

1. 新的事物出来，通常大家会有一种"异物感"，所以有些人会排斥，过一阵就好了。

2. 得到的猫头鹰是文化原型，不仅好看，而且耐看，已经好看了2500年。

3. 觉得好看的人，通常不会说话。因为一旦有人说不好看，他说好看，就显得自己水平低了。罗胖说："什么叫高级感？高级感是一种理解门槛，你不懂我就高级了。"麦克卢汉说："古老的浪漫观念是，你不应该欣赏你理解的东西。"所以人们一看到自己被和简单明了的东西联系在一起，就紧张："别人会不会觉得我LOW啊？"这是一种自卑心理。

4. 广告是无意识的药丸，所有有意识的讨论，都和本质无关，只有开处方的人知道药理作用。

5. 在华与华成立之初，我曾说过，21世纪中国十大百年经典品牌形象，必有一半是华与华的作品，希望得到是其中之一。

6.半年之后，大家都接受了得到猫头鹰标志，说："我们理解了，华与华是对的。商业设计的关键，在于刺激信号是否够强，而不在于美不美。"我说："你还是被人'带了节奏'。这就是美！怎么说不在于美不美呢？华与华无疑是代表商业，但反对意见可不一定代表艺术。"

激发个人成长

多年以来，千千万万有经验的读者，都会定期查看熊猫君家的最新书目，挑选满足自己成长需求的新书。

读客图书以"激发个人成长"为使命，在以下三个方面为您精选优质图书：

1. 精神成长
熊猫君家精彩绝伦的小说文库和人文类图书，帮助你成为永远充满梦想、勇气和爱的人！

2. 知识结构成长
熊猫君家的历史类、社科类图书，帮助你了解从宇宙诞生、文明演变直至今日世界之形成的方方面面。

3. 工作技能成长
熊猫君家的经管类、家教类图书，指引你更好地工作、更有效率地生活，减少人生中的烦恼。

每一本读客图书都轻松好读，精彩绝伦，充满无穷阅读乐趣！

认准读客熊猫

读客所有图书，在书脊、腰封、封底和前后勒口都有"**读客熊猫**"标志。

两步帮你快速找到读客图书

1. 找读客熊猫

2. 找黑白格子

马上扫二维码，关注"**熊猫君**"

和千万读者一起成长吧！

图书在版编目（CIP）数据

华与华百万大奖赛案例集 / 华杉，华楠编. -- 上海：
文汇出版社，2019.9
ISBN 978-7-5496-2934-3

Ⅰ. ①华… Ⅱ. ①华··②华… Ⅲ. ①市场营销学一
案例 Ⅳ. ①F7_3.50

中国版本图书馆CIP数据核字(2019)第202143号

华与华百万大奖赛案例集

编　　者 / 华杉　华楠

责任编辑 / 若　晨
特邀编辑 / 唐正瑛　　武姗姗
封面装帧 / 李子琪　　刘　倩

出版发行 / 文匯出版社
　　　　　　上海市威海路 755 号
　　　　　　（邮政编码 200041）
经　　销 / 全国新华书店
印刷装订 / 河北中科印刷科技发展有限公司
版　　次 / 2019 年 9 月第 1 版
印　　次 / 2025 年 9 月第 5 次印刷
开　　本 / 710mm×1000mm　　1/16
字　　数 / 405 千字
印　　张 / 22

ISBN 978-7-5496-2934-3
定　　价 / 35.00 元